本当は恐ろしい

世界の名家

歴史ミステリー研究会編

彩図社

まえがき

世界には、誰もが一度はその名前を耳にしたことがある「名家」がいくつも存在する。世の中が不況にあえいでいても、贅の限りを尽くした生活を続けるセレブリティ一族がいれば、長年にわたり政財界に多くの優秀な人材を輩出してきた名門一族もいる。

こうした人々によって世界の歴史は動かされてきたといってもいいだろう。その中には歴史の教科書に登場する人物も少なくない。

ところが、どんな大富豪や名門一族といえども、彼らが手に入れてきた成功の背後には人には知られたくない闇が存在しているものだ。

なかにはあまりに大きな成功を手にした代償に、その闇に飲み込まれてしまった人々もいる。

そんな世界の名家にまつわる恐ろしい話や、知られざるエピソードの中から選りすぐったものをまとめたのが本書だ。

グッチやティファニー、ポルシェといった誰もが知っている超一流ブランドの創業者一族にまつわる黒い噂や、「ホテル王」のヒルトン家、「新聞王」と呼ばれて恐れられたハースト家の数々のゴシップとはどのようなものなのだろうか。

メディチ家やハプスブルク家といった中世ヨーロッパに君臨していた名家に残された血なまぐさい話や、世界を裏で動かしているとまでいわれるロスチャイルド家にまつわる秘話は、まるでできすぎたサスペンス小説のようだ。

さらに、「呪われた一族」として知られるアメリカのケネディ家や、「王冠をかけた恋」で有名なウィンザー家など、名門一族の話には欠かせないエピソードも網羅している。

これらの名家の出身者には戦乱や政変を引きおこしてしまった人物も多い。つまり、古代から現代にいたる名家の歴史を振り返ることで世界史の流れを知ることもできるのだ。

華麗なる一族の歴史に隠された「もうひとつの顔」にあなたは愕然とすることだろう。

２０１８年４月

歴史ミステリー研究会

1章　恐ろしい過去を持つ名家

2章　恐ろしい人物を輩出した名家

3章　恐ろしい仕事をしていた名家

4章　世界に影響を及ぼす名家

5章　名家に翻弄された人々

1章　恐ろしい過去を持つ名家

【ヨーロッパの名家中の名家】ハプスブルク家

■名家につきまとう血のにおい

ハプスブルク家といえば、ヨーロッパを中心に一大帝国を築き上げた名家中の名家だが、そのルーツは意外にも、スイスの片田舎でつつましく暮らしていた小貴族だった。

今でもスイス北部のアールガウ州には「鷹の巣」を意味するハプスブルクという地名とともに、小さな城塞が残っている。

一族が脚光を浴びるのは13世紀のことだ。当時の神聖ローマ帝国の皇帝に、ハプスブルク家の当主ルドルフが指名されたのである。

やがて大帝国を統治するようになった一族は、その華やかな歴史の中で、多くの犠牲者をともなう争いを何度も起こすことになる。

■歴史を後退させた戦争に加担する

30 年戦争を題材に描かれた「戦争の惨禍」。

1618年、中世ヨーロッパ史の悲惨な戦争のひとつ「30年戦争」が始まった。

神聖ローマ帝国は、「帝国」とはいえ実際は300もの小国が集まった共同体のようなものだった。民族も異なれば、生活習慣や主義主張も異なる人々を束ねるのはそう簡単なことではない。

そんな中でくすぶり続けていたカトリックとプロテスタントの対立が、ある事件をきっかけについに表ざたになった。

帝国の中でもプロテスタント系住民の多いボヘミアで、地元の住民たちが国の役人である代官と口論となり、あげくの果てに代官を城の窓から数十メートル下に放り投げてしまったのだ。

この事件をきっかけに、ボヘミアの人々は帝国に対し反乱を起こした。このとき、幼い頃から厳格なカトリック教徒だった皇帝フェルディナント2世は、傭兵まで雇って徹底的に新教徒の弾圧に乗り出した。

兵力で劣るボヘミア軍はひとたまりもない。内乱はあっけなく決着がつくはずだった。ところが、騒ぎを聞きつけたデンマークやスウェーデン、フランスなどの大国が、この機会にハプスブルク家の勢いを削いでおこうと次々にプロテスタント側の支援を始めた。このため戦いは一気に拡大して、30年にわたり多くの血が流れる悲劇をもたらしてしまったのだ。

主な戦場となったドイツは1000万人以上の被害者を出した。この戦争でドイツの歴史は200年後退したといわれるほどだ。

30年戦争に敗れたハプスブルク家を復興させたのは、18世紀に皇帝の座についたカール6世だった。彼は男子に恵まれなかったため、長女マリア・テレジアが神聖ローマ帝国とハプスブルク家の頂点に立っている。

彼女は長年の宿敵フランスとの間に同盟を結び、さらに末娘マリー・アントワネットを人質としてフランス宮廷に送った。

豪華絢爛なヴェルサイユ宮殿で14歳から暮らすことになったアントワネットは、結婚から4年後、夫ルイ16世が王位を継承すると、10代という若さで王妃になったのである。

■ギロチンで落とされた王妃の首

ところが、ルイ16世は気弱な性格で、しかも性的に不能だったといわれていて彼女の不満は募るばかりだった。アントワネットは夜ごとにあちこちの舞踏会に顔を出し、不倫の恋に走り、また国費を散財して美食と高価な買い物を繰り返すようになった。

だが当時のフランスは不作続きで、民衆は深刻な飢餓状態に陥っていたために、民衆の怒りの矛先は好き放題を繰り返す王妃に向けられていった。

「パンがないならお菓子を食べればいいのに……」と口走ったというアントワネットは、いつしか悪女と罵られるようになったのだ。

その後民衆の怒りが爆発し、１７８９年のフランス革命でルイ16世とアントワネットが死刑に処せられたのはご存じの通りだ。

ギロチン台が置かれたパリの革命広場に、アントワネットの首は鈍い音をたてて転がった。ハプスブルクの血を引くフランス王妃はわずか38歳で断頭台の露と消えたのである。血にまみれた王妃の頭部を目の当たりにして、集まったパリ市民は歓喜の声を上げたのだった。

■民間人を犠牲にした世界大戦

また、地球規模の大戦争となった第一次世界大戦の原因にも、ハプスブルク家の名前を見ることができる。

１９１４年のサラエボ事件で暗殺されたフランツ・フェルディナント大公は、ハプスブルク家の血を引く人間なのだ。

当時ハプスブルク家はオーストリア皇帝の座に収まっていたが、後継者フェルディナント大公は、その歯に衣着せぬ言動からたびたび周囲の反感を買っていた。

しかも、オーストリア帝国は１９０８年にボスニア・ヘルツェゴビナを併合したため、そこに暮らすセルビア人の間で反ハプスブルクの感情は高まる一方だった。

そんな中、視察に訪れたサラエボで、フェルディナント大公はセルビア人青年によって夫人もろとも暗殺されたのだ。オープンカーに乗った大公夫妻は、至近距離からの銃撃で大量に出血してほぼ即死状態だったという。

報復として時の皇帝フランツ・ヨーゼフ1世はセルビアに宣戦布告し、やがて世界中を巻き込む第一次世界大戦が勃発した。歴史上初めて化学兵器が使われたこの戦争では、全世界で2000万人もの命が失われたといわれている。

大戦の最中にフランツ・ヨーゼフ1世はこの世を去り、弟の孫にあたるカール1世が跡を継いだが、オーストリアは大敗を喫した。

ここに600年以上続いたハプスブルク家の王朝支配は終焉を迎えたのである。

第一次世界大戦の犠牲者の半数は民間人といわれているから、名家の幕引きは、罪もない多くの犠牲者を出す最悪の結果をもたらしたことになる。

ハプスブルク家の血筋は現在も途絶えることはなく、カール1世の孫にあたる人物は欧州議会議員として活躍していたこともあった。数々の歴史の転換期に関わってしまった名門一族は、今後も脈々と受け継がれていくのだ。

【世界を跨ぐ金融ネットワーク】ロスチャイルド家

■情報を武器にして金を生む

歴史に名を残す大富豪一族として知られるロスチャイルド家だが、その名前がヨーロッパ史に登場するのは18世紀の中頃とそう古くはない。

ドイツ中心部のフランクフルトにあるユダヤ人街で生まれたマイヤー・アムシェルが、ロスチャイルド家の祖といってもいいだろう。

彼の家は古銭商を営んでいたが、その縁で領主であるヘッセン家の皇太子ヴィルヘルムに近づいていった。古銭コレクターだった皇太子に珍しいコインを格安で譲っていたというが、父譲りの商人の血が流れるマイヤーにはある計算があったのだ。

やがて、思惑通りに皇太子と親しくなったマイヤーは、20代にして宮廷への出入りを許される「宮廷御用商人」の地位を得る。この肩書によって彼はさらに多くの顧客

左から順に長男アムシェル、次男ザロモン、4男カール、5男ジェームス。

を獲得するようになり、ビジネスの基盤を急速に広げていったのだ。

皇太子はヘッセン家の当主、つまりヘッセン大公になり、長い付き合いのマイヤーに金の管理を任せるようになる。こうして、当時羽振りの良かったヘッセン家の銀行家としてロスチャイルド家は着実に財を成していった。

大公から全幅の信頼を得たマイヤーは、大公の資金で株式投資を行い、利益を上げながらその金融センスを磨いていった。また、あちこちの宮廷に出向いて権力者たちを相手にマネーコンサルタントのようなこともしていたという。

その後、妻との間に生まれた5人の息子たちに、みずからが身をもって学んできた〝錬金術〟のノウハウを叩きこむ。

1812年に初代ロスチャイルドはこの世を去ったが、父の教えと莫大な資金を元に子供たちは次々と独立。ヨーロッパの主要都市に銀行を構えたことで、現在も世界を股にかけるロスチャイルド家の金融ネットワークが誕生したのである。

ロスチャイルド兄弟の中で、もっともビジネスのセンスがあったといわれているのがロンドンを拠点にした三男のネイサンだ。

当時のヨーロッパはナポレオンの登場で混乱を極めていた。〝戦争の天才〟といわれたナポレオンは、ヨーロッパ全土をその支配下に置くべく各国との戦争を繰り返した。そんな中で、ネイサンは政財界に築いた情報網を武器に、大きなビジネスを仕掛けるタイミングを待っていたのだ。

■ナポレオンを使って大もうけする

一度は失脚したものの再び王位に返り咲いたナポレオンは、イギリスとプロイセンの連合軍とベルギーで戦火を交える。1815年の「ワーテルローの戦い」である。フランス軍が勝つか。それとも連合軍が返り討ちにするのか。この天下分け目の戦いの結果が届くのを、特にイギリスの金融業界は心待ちにしていた。

もしもイギリスが敗れれば、イギリス国債は紙くず同然になってしまう。一方でイギリスが勝利すれば、国債が急騰することは目に見えていたからだ。「売り」なのか、それとも「買い」なのか。市場関係者ははやる気持ちを抑えて戦地からの一報を待ち続けた。

ここでいち早く動いたのがネイサンだった。ロンドンの証券取引所にやってきた彼は、ワーテルローからの便りが届く前に突如としてイギリス国債を売り始めたのだ。

キレ者で評判だった彼が売りに転じたとあって、市場では右へならえといわんばかりに大量の国債が売られた。人々はネイサンの行動を見てイギリス軍が敗れたことを確信したのである。その額面はまたたくまに暴落した。

三男ネイサン

ところが、彼は一転してドン底まで値を下げた国債を密かに買い占めたのだ。

やがて報じられた戦いの結果は思いもよらないものだった。イギリスとプロイセンの連合軍はナポレオン軍を完膚なきまでに叩きのめしていたのである。

勇み足で国債を手放してしまった人々の顔が

みるみる青ざめていく中で、ネイサンただひとりがほくそ笑んでいたことだろう。

彼は、イギリス勝利の情報をいち早く入手していたものの口を閉ざし、国債の値を下げさせるためひと芝居打ったのだ。まもなく国債が高騰したのはいうまでもない。この巧みな情報操作によって、ロスチャイルド家は莫大な金を独り占めしたのである。

じつはネイサンは、戦費がかさみ財政難に陥っていたイギリスに多額の融資を行い、イギリス軍を率いるウェリントン将軍とのパイプを築いていた。それもあって、公になる前に戦地から一報が舞い込んだのだ。

このエピソードからもわかるように、ロスチャイルド家の面々は質の高い情報を誰よりも先に手に入れる手段に長けていた。電話やインターネットのない時代に、5人の兄弟は郵便馬車や伝書鳩を使ってお互いが手に入れた情報を頻繁にやりとりしていたのだ。しかもそのメッセージは、ロスチャイルド家以外の人間は読むことができない暗号で記されていたという徹底ぶりだった。

彼らは戦乱に乗じてヨーロッパの列強に多額の資金を貸し付け、また各国の国債を売却する窓口を引き受けると、利益ばかりか政財界における地位までも手に入れたのだ。その総資産はたった10年で30倍に膨れあがったといわれている。

■子孫にふりかかった深刻な問題

ところが、ロスチャイルド家の家系図を見てみると、5人の兄弟が残した系統のうちフランクフルトとナポリの一族は20世紀初頭までに消滅している。そこには、かつて一族を厳しく縛っていた血の掟が隠されているのだ。

当時のロスチャイルド家は徹底した父系制で、男子が生まれなければその時点で血は途絶えるしかなかった。しかも一族に外部の血が入ることを嫌い、血縁の人間以外との結婚を固く禁じていた。そのため一族のほとんどが姪やいとこを妻に迎えていたのだ。こうして彼らは結束をますます強めていった。

しかし近親婚は、遺伝子異常によって病気がちな子供が生まれるなどの問題点が指摘されるものだ。男子が生まれずに死に絶えた家系が出たことも無関係ではないだろう。この習慣は現代には引き継がれていないというが、ロスチャイルド家はこれからも地球上の多くの富を独占し続けていくに違いない。

【郵便配達からスパイに転身】タクシス家

■ドイツで始めた郵便事業

中世のヨーロッパにおいて遠方の人々と連絡をとり合うのはひと苦労だった。特に広大な領土を治める支配者たちは、敵国に出し抜かれないために早くて確実な郵便網の整備を課題としていた。

そんな中、３００年以上の間ヨーロッパで郵便事業を一手に引き受けていたのがタクシス家である。

10世紀後半に興ったタクシス家は、もともとはイタリアの貴族だったといわれている。その後、北上してドイツに移り住み、現在でも一族の居城はドイツ南部のレーゲンスブルクなどに残っている。

そんな彼らが、なぜ郵便事業に関わるようになったのか。その秘密を解くカギは、タクシス家が所有しているトゥルン・ウント・タクシス城の中にある。

今でも一族の末裔が暮らす城内は見学ツアーでその一部を見ることができるが、そこにはたくさんの時計が飾られている。

つまり、部屋のあちこちに時計を置かなければ気が済まないほど、彼らは常に時間を気にしていたというのだ。

復刻された切手。「Thurn und Taxis」の文字がある。

■郵便網を利用してスパイ行為をする

タクシス家ほど時間にきっちりしている家はない。そんな噂がいつの間にか広まったのだろう。

当時ヨーロッパの覇者だった神聖ローマ帝国のハプスブルク家は、彼らに皇帝の荷物やメッセージを運ぶよう協力を求めたのだ。

こうして皇帝のお墨つきを得た「タクシス郵便」は、15世紀頃からヨーロッパ大陸を駆けめぐるようになったのである。

この時代、最速の乗り物といえば馬車である。タクシス家では1万頭以上の馬を用意して馬車を引かせると、ドイツやイタリアはおろか遠くオランダやスペインにまで向かった。

真っ赤に塗られた馬車が目印のタクシス家の郵便は、やがて信頼を得ると貴族や大商人、聖職者といった各地の有力者の郵便も請け負うようになる。彼らとつながることでタクシス家は「郵便王」としてその勢力を伸ばしていったのである。郵便網を独占した彼らが儲からないはずがなかった。

さらに、タクシス家がのし上がっていった裏には、郵便事業のかたわらで彼らがある副業を行っていたからだという噂がある。

各地を自由に行き来でき、土地の有力者とコネをつくることができたタクシス家は、おのずとさまざまな情報を見聞きするようになっていった。

そのうちに、彼らは公にできない荷物や情報を扱ってスパイの真似ごとをするようになったといわれている。

彼らは特にロスチャイルド家と懇意にしていたため、ロスチャイルドの荷物に関し

「ベルサイユ宮殿よりも広い」と喧伝されたタクシス宮殿の庭に集まった有力者たち。（1863年）

ては便宜を図っていたという話もある。馬車の見えない位置には専用の小箱が用意され、秘密文書を誰にも気づかれることなく、運ぶことができたという。

その財力や情報網と、ロスチャイルド家の右腕となることで、タクシス家は名実ともにヨーロッパの名家になっていったのだろう。

■不動産王への転身

こうした動きが警戒されたのか、19世紀に入ると郵便事業の独占に待ったがかかる。ハプスブルク家が落ち目にあったことも関係していたと考えられる。

結局、タクシス家は300年以上関わってきた郵便事業をあっさり手放して、それと引き換えに広大な土地を手に入れたのである。

この土地はその後も代々タクシス家に引き継がれて、わずか8歳でタクシス家を継いだ現当主のアルベルト・フォン・トゥルン・ウント・タクシスは、「ヨーロッパでもっとも森を持っている男」といわれている大金持ちだ。

1983年生まれとまだ若い当主は、今後も祖先が郵便事業で手に入れた土地を守っていくことだろう。

ちなみに、現在ドイツで郵便局のシンボルマークとして使われているラッパは、タクシス家の郵便馬車が到着したときに合図として吹き鳴らしたラッパがモチーフになっている。

【処刑がお家芸のイギリス王家】テューダー家

■戦後に生まれた絶対王政

華やかなイギリス王朝の歴史の中で、15世紀末から17世紀の始めほど数々のスキャンダラスな事件に見舞われた時代はない。120年ほどの間にイギリス国王の座はめまぐるしく変わり、それとともに多くの血が流されたのだ。

そんな時代を支配していたのが、イギリス南西部のウェールズに興ったテューダー家である。

テューダー家出身で初めて国王になったのがヘンリー・テューダーだ。

彼は15世紀後半に起きた「バラ戦争」と呼ばれるランカスター家とヨーク家の王位継承権争いに乗じて、イギリス王室への階段を駆け上っていく。

もともと彼にも王家の血は流れていたのだが、王家の直系ではなかったテューダー家にとって王の椅子を手に入れることは悲願だったといえよう。

ランカスター派に味方したヘンリーは、ヨーク家を破りヘンリー7世として即位した。こうしてテューダー朝が成立したのである。

およそ30年と長い戦いになったバラ戦争を終結させたばかりか、絶対王政を確立して国内をまとめ上げたヘンリー7世は、名君としてその名を歴史に残している。

ところが、問題はその跡を継いだ次男のヘンリー8世だった。

兄の死を受けて18歳で即位した若い国王は、学問や芸術を愛する知性派であった反面、体力も野心も人一倍強く、その生涯で6人の妻を持っている。

王の座についたヘンリー8世は、父の喪中にもかかわらず兄の妻としてスペインから嫁いできたキャサリン・オブ・アラゴンを妻にめとった。この結婚からはじまる数々のトラブルが、イギリス王室とヨーロッパ全土に大きな波紋を投げかけていくのだ。

■離婚のために国教会をつくる

王家の繁栄を維持するために、世継ぎとなる王子の誕生が待ち望まれたのはいうま

ヘンリー８世の妻となった女性たち。左からキャサリン・オブ・アラゴン、アン・ブーリン、アン・オブ・クレーヴズ、キャサリン・ハワード、キャサリン・パー。

でもない。

ところが、若い国王と王妃の間にはついに男子の世継ぎが生まれなかった。そればかりか、王は妻の侍女だった美しいアン・ブーリンに心を奪われてしまい、彼女を妻として迎え入れようと考えたのである。

だが、カトリック信者のヘンリー8世に離婚は許されない。王は結婚の無効を宣言するようローマ教皇クレメンス7世に繰り返し依頼したものの、教皇はついに王の離婚を許さなかった。

すると、王はみずからの欲望のために驚くべき行動に出た。彼はローマ・カトリック教会との関係を断ち切って、みずからを首長とするイギリス国教会を成立させたのである。

教会権力を思いのままに操れるようになった王は結婚の無効を宣言させると、１５３３年にアン・ブーリンと再婚

ヘンリー８世と３番目の妻ジェーン・シーモア、２人の子エドワード６世。

してしまった。

しかし、身勝手な振る舞いを続ける王に神は罪を与えたのだろうか。アン・ブーリンとの間にはまたしても王子が生まれることはなかった。結婚生活はわずか3年で破綻し、王妃は姦通罪の汚名を着せられ王から処刑を命じられた。

一説によると、その罪は彼女の存在が王家にとって邪魔になったためにでっち上げられたものだったという。

アン・ブーリンの処刑からわずか10日後、ヘンリー8世は3度目となる結婚式を挙げた。彼が次の妻に選んだのはアン・ブーリンの身の回りの世話をしていたジェーン・シーモアという女性だった。彼女はようやく王子を生んだものの、すぐにこの世を去っている。

王はその後も次々と結婚と離婚を繰り返し、56歳で亡くなるまで王位を守り続けたが、その38年の在位中に２人の王妃を含む50人以上に処刑を命じている。

■人々を火刑にした「流血のメアリー」

呪われた血はその後も受け継がれ、イギリス初の女王となったメアリー1世は、王家の歴史にさらなる闇をもたらしている。

彼女はヘンリー8世の最初の妻キャサリンが残した王女で、無残にも捨てられた亡き母の恨みを晴らすかのように、権力の頂点に立つや否や壮大な復讐劇にとりかかったのである。

カトリック信仰が強いスペイン系の母の血が流れる彼女は、まずイギリスの国教を再びカトリックに戻し、これに抵抗するプロテスタントを捕えては次々と火刑に処した。このとき300人以上が無残にも焼き殺され、中には家族の前で生きたまま火あぶりにされた者もいたという。

人々がこの残虐な女王を「流血のメアリー」と呼んで恐れるようになったのも無理はない。

彼女は子供をさずからないままガンにおかされて、女王の座についてからわずか5年で、苦しみながらこの世を去った。

彼女は死の直前まで後継者を指名することを拒んだという。なぜならその相手はかつて母を追いやったアン・ブーリンの子供だったからだ。しかし結局憎い相手をしりぞけることはできず、エリザベス1世が即位することになった。

エリザベス女王はその後、スペインの無敵艦隊を破ってイギリス黄金時代の礎を築き、ひいては世界中の植民地の人々を苦しめることになったのである。

【次々と殺されたスコットランド王】ステュアート家

■次々と死んでいく王

イギリスの国土の中心となっているグレートブリテン島。その北部の3分の1を占めるのがスコットランドだ。

18世紀までスコットランド王国として独立していたこの地では、かつて貴族たちによるいつ終わるとも知れない権力争いが繰り返されていた。

そんな中、15～16世紀にかけて即位した王が次々と暗殺されてしまったという恐ろしい歴史を持つのが、スコットランド王家であるステュアート家だ。

このステュアートという家名は、王の下で政務を行う役職である「ハイ・ステュワード」に由来している。

そもそも一族の祖先は王につかえる身分にあった。14世紀、ステュアート家の出身者として初めてロバート2世がスコットランド王として即位した。

ところが、残念なことに彼には一国をまとめ上げるだけの力量はなかった。60歳近い高齢で王になったこともあってか王としての威厳に欠け、さらに彼の跡を継いだ長男のロバート3世も気弱な性格が災いしてか、ステュアート家の初期の王たちは有力貴族の力を抑え込むことはできなかったのである。

その後、王位はステュアート家から離れてしまったが、十数年の時を経て登場したのがジェームズ1世だ。

彼はロバート3世の息子で正当な王位継承者だったが幼くしてイングランドに捕えられてしまい、結局18年に及ぶ人質生活を余儀なくされた人物である。

■殺人の原因は権力争い

ようやく祖国に戻ってきたジェームズ1世は理想に燃えていたことだろう。

1424年に王に即位すると王権の強化を図り、すぐさま王国の改革に乗り出したのである。

議会を再編成して秩序ある政治体制を築くと、自分に反旗をひるがえす者は容赦なく捕え、絞首刑に処していった。こうしてスコットランドの混乱の時代は終わりを告げたかに見えたが、あまりに急激な改革は貴族たちの不評を買った。

すると、1437年に寝込みを襲われてジェームズ1世は暗殺されてしまったのである。わずか42歳でこの世を去った彼は、不名誉にもスコットランドにおいて暗殺された最初の王になったのだ。ステュアート家の不幸はここから始まったといっていい。

彼の跡を継いで息子のジェームズ2世がわずか6歳で即位したが、幼い王は腹黒い大人たちのいいように利用されてしまうと、あげくの果てに大砲の爆発に巻き込まれて事故死してしまった。

続くジェームズ3世も年端もいかないうちに即位することになり、お決まりの貴族同士の勢力争いの中で政治の実権は貴族に握られてしまう。そのうえ、彼自身も廃位を迫る貴族の手によって暗殺されたのである。

1488年から王位についたジェームズ4世にいたっては、当時同盟を結んでいたフランスの要請を受けてイングランドを攻撃するも惨敗して、1万人ともいわれるスコットランド軍の戦死者とともにみずからも鬼籍に入ってしまったのである。

こうして、わずか90年ほどの間にステュアート家では4人の王が相次いでこの世を去っているのだ。

その後もステュアート王朝自体は17世紀の前半まで続いたものの、1587年には女王メアリー・ステュアートがエリザベス1世に処刑を命じられ、また1649年には宗教問題からチャールズ1世が首をはねられてしまった。

その300余年の歴史の中でいくつもの死に彩られたステュアート家の名前は、スコットランドの血なまぐさい歴史の1ページとして刻まれているのである。

【英王室との確執を抱える】アル・ファイド家

■イギリス王室にケンカを売った男

イギリスの老舗百貨店として知られるハロッズは、かつてはイギリス王室の御用達に指定されたほど最上の品ぞろえとサービスを誇る名店だ。

そんなハロッズが２０１０年、カタールの投資会社に売却された。この買収劇では２０００億円もの大金が動いたという。

このとき、ハロッズを売却したのが前のオーナーであるモハメド・アル・ファイドだ。

１９８５年からハロッズのオーナーになったアル・ファイド家は、湯水のように金を使い、パリの名門ホテル・リッツをはじめとした老舗高級ホテルを次々と買収した億万長者だ。それればかりかアル・ファイド家はかつて、あるスキャンダルで、「イギリス王室にケンカを売った」として全世界を騒がせたことがあるのだ。

ことの顛末はこうだ。

アル・ファイド家は、1984年にハロッズが属する小売店グループ「ハウス・オブ・フレイザー（HOF）」の買収に名乗りを上げた。

しかし、当時一部のメディアが彼らの資金繰りを疑問視した。彼らが語った、〝スエズ運河沿いの地域で綿花の商売で成功して富豪になった〟という一族の歴史はすべて偽りで、背後には大きな黒幕が控えているのではないか、というのだ。

ところが、モハメドは金の力にあかせてHOFを買収すると、さらに3億ポンドをかけてハロッズの大改装を行った。エジプト風のデザインを取り入れた大理石の内装や、40基もあるエレベーターは百貨店とは思えない豪華さである。

問題は、一族はどうやってその莫大な資金を手にしたかということだ。

モハメドは妻との死別や離婚を繰り返したが、サウジアラビアの武器商人アドナン・カショギの妹を妻に迎えている。

カショギはアメリカのニクソン大統領ともつながっていたといわれる大物だ。モハメドがこの危険人物とともに危ない橋を渡っていた可能性も考えられている。またカショギを通じて、オイルマネーで潤うブルネイの国王に近づいていたという報告もある。ハロッズの買収も自分の金ではなく、国王の代理で行っただけではないのかという疑惑が持たれたのだ。

■王家との確執

モハメドには3人の息子がいたが、長男ドディ・アル・ファイドは、ハリウッドで映画プロデューサーをしていたという異色の経歴を持つ人物だ。一時は巨匠スティーブン・スピルバーグの作品にも携わったが、その後は鳴かず飛ばずだったという。

そんな彼は父から毎月1000万円以上の仕送りを受けていたといわれているから、父の溺愛ぶりがうかがい知れる。

この人物が、ダイアナ元皇太子妃と愛し合うようになり、イギリス国内に賛否両論を巻き起こした。その末にあの悲惨な事故の日を迎えたのである。

1997年8月31日の未明、2人の乗った車は猛スピードでパリ市内のトンネルで中央分離帯の柱に激突した。

ドディは即死、虫の息のダイアナは潰れた車の中に閉じ込められて1時間後によう

ハロッズのロンドン店に飾られていた、ダイアナ元妃とドディの記念碑。

やく救出されたものの搬送先の病院で死亡した。富も名誉も手に入れたセレブリティを最後に襲ったのは、壮絶な事故死だったのだ。

父は、息子とダイアナの死はイギリス情報機関などの陰謀によるものだと何度もコメントを出した。

イスラム系のヨーロッパ進出を快く思わないイギリスが、武器商人とかかわりのあるイスラムの一族と元皇太子妃が交流していることを良く思うはずがない。都合の悪い2人をまとめて消してしまおうというシナリオが描かれた可能性はあったのだ。

王室検視官は完全に否定したが、イスラム世界ではいまだに謀殺説が根強く残っている。それでも今となっては、数々の疑惑の真相はすべて闇の中に消えてしまったのである。

【世界の石油を牛耳る一族】ロックフェラー家

■アメリカンドリームを体現した男

毎年クリスマスシーズンになると、ニューヨークのロックフェラー・センターではクリスマスツリーの点灯式が行われる。アメリカの冬の風物詩となっているこのイベントには多くの著名人が駆けつけ、テレビ中継もされるほどだ。

この世界一有名なクリスマスツリーや、ツリーが飾られる小さなスケートリンク、超高層ビルが立ち並ぶロックフェラー・センターは、いずれもロックフェラー家の繁栄の象徴といえる。

世界三大財閥のひとつといわれているロックフェラー家は、金融業から保険業、自動車産業や軍事産業まで200以上の大手企業を傘下に収めた大財閥を形成している。

それればかりか、合衆国副大統領も輩出するなど政治的な影響力も持ち合わせていて、

「アメリカの影の支配者」といわれるほどだ。

ところが、この大財閥の基盤はわずか一代で築かれたものだというのだから驚かされる。その大仕事をやってのけたのが、ロックフェラー1世ことジョン・D・ロックフェラーその人だ。

アメリカン・ドリームを体現したといわれるロックフェラーは、すでに軌道に乗っていた家業を受け継いだわけでも、親譲りの莫大な遺産を手にしていたわけでもない。果たして彼はどんな方法で巨万の富を手にしたのだろうか。

■オイルラッシュに乗じてのしあがる

1839年生まれのロックフェラーは、アメリカ東部のオハイオで幼少期を過ごしている。薬の行商をしていた父は女グセが悪く、当時のロックフェラー家はけっして裕福とはいえなかった。ロックフェラー少年はそんな父を反面教師としていたのかもしれない。やがて地元の小さな商社に就職した彼は、会計係としてそのキャリアをスタートさせる。

ところが、彼は小金を扱うだけのビジネスで満足することはなかった。すでに10代の頃から働いて給料をもらい、それを元手にして食品を扱う会社を立ち上げて利益を上げていたのだ。

若くして経営者の資質を磨いた彼は、世の中の動きに常にアンテナを張り巡らせていたのだろう、まもなく訪れるいくつかのビジネスチャンスを見逃さなかった。

そのひとつが、1859年にオハイオの隣州であるペンシルバニアで原油が掘り出されたというニュースだ。

鉄道員だったエドウィン・ドレークが世界初となる機械を使った原油の採掘に成功すると、アメリカで大量の原油が掘り出されるようになったのである。

隣州に訪れたオイル・ラッシュを目の当たりにした若き日のロックフェラーは、すぐさま動き出す。石油がこれからの時代の主要なエネルギーになると確信した彼は、そのニュースのわずか4年後に、掘り出された原油を精製するための小さな精製所を設立したのだ。わずか23歳にして、今でいうベンチャー企業の経営者の座についたのである。

折しも当時のアメリカは南北戦争の真っただ中にあり、北部を中心に産業の工業化が進んでいった時期でもあった。これが追い風となって石油の需要は高まり、彼は石油の精製と輸送も手がけるようになっていく。

■敵をつぶすためには手段を選ばない

しだいに会社の規模を拡大していったロックフェラーだが、そのビジネススタイルは、どこにあるかわからない油田を掘り当てるという一か八かのものではなく、競争相手を次々と買収していくという手法だった。

しかし、競争も激しかった石油業界にあってそれだけで急成長するのは難しい。

そこで彼は、石油事業に乗り気ではなかった共同経営者に喧嘩をしかけるフリをしてパートナーシップを解消したり、鉄道会社と秘密裏に交渉を行ってリベートを受け取るなど、手段を選ばないしたたかさでのしあがっていった。自社の商品である灯油の需要を高めるために、ランタンを配って歩いたこともあったという。

また、彼は倹約家を通り越して徹底したケチだったともいわれている。日頃からコストダウンを口酸っぱく指示して周囲をあきれさせたり、大富豪になってからも毎日の昼食は安いレストランで済ませていたというエピソードも残っている。

この金に対する執念が実を結んだのか、1870年に弟のウィリアムらとともにスタンダード・オイル社を設立した彼は、全米で精製される石油のおよそ1割を手がけるようになっていた。

ちなみにこの「スタンダード・オイル」という社名には、彼のプライドの高さが垣間見える。なぜなら、品質や値段が安定しなかった当時の石油業界にあって、自分たちは安定して良質の石油を提供するという強いメッセージが込められていたからだ。

その後もロックフェラーの勢いはとどまるところを知らず、全米の石油精製会社は次々とその傘下に収まった。たった10年ほどで、スタンダード・オイル社は全米の石油関連産業の9割を独占する巨大な企業の連合体（トラスト）になったのだ。

傘下に収める、というと聞こえはいいが、つまりは競争相手を倒産に追い込んだり、敵対的買収をしかけたりと、実際は手段を選ばないかなり強引なものだったようだ。

当然、ロックフェラーの強引なスタイルをおもしろく思わない同業者からは不満の声が上がった。

そんな声を知ってか知らずか、彼は鉱業や銀行業、不動産業などと事業を拡大すると、いよいよその本拠地をオハイオの片田舎から大都会のニューヨークへと移した。ロックフェラー一族は名実ともにアメリカの財界の中央に立ったのである。

■政界に進出する

1897年、58歳になったロックフェラーは一線からの引退を決意して、事業のほとんどを長男のロックフェラー2世ことロックフェラー・ジュニアに譲った。

とはいえ、彼はそのまま隠居生活を送ったわけではない。その後、98歳でこの世を去るまでの間、マンハッタンにみずからの名前を冠した「ロックフェラー・センター」を建設したり、慈善事業団体であるロックフェラー財団を設立するなど精力的に活動を続けたのだ。

また、その後の一族は政界にも進出していることも忘れてはならない。

ジュニアの次男で、初代の孫にあたるネルソンはニューヨーク州知事を経て1974年からのフォード政権下では副大統領も経験した人物だ。もうひとりの孫のウィンスロップはアメリカ南部のアーカンソー州知事に、さらにひ孫のロックフェラー

4世は上院議員を務めている。

ところで、ロックフェラー1世が晩年、学問や医学、芸術などさまざまな分野に数億ドルにものぼる寄付を行ったことは、彼の子供たちが莫大な相続税を負担せずにすんだことと無関係ではないようだ。

アメリカの片田舎で小銭を数えていた男が、たった40年で大財閥を築きあげて〝石油王〟と呼ばれるまでになったのだ。そのしたたかさは、最後まで健在だったといえよう。

初代ジョンとジュニア。(1915年)

【ウォール街の「最高神」に連なる一族】モルガン家

■産業界のしくみを変えた男

今からわずか150年ほど前に、莫大な金を動かしてアメリカの産業界のしくみを一変させてしまった大資本家がいる。

現在でも世界経済に大きな影響を及ぼすモルガン財閥の創始者であるジョン・ピアポント・モルガン（J・P・モルガン）だ。

17世紀にイギリスからアメリカに移り住んだモルガン家は、農業で成功を収めて大地主になったというから、その当時からすでに裕福な家ではあったようだ。

1854年、ジョンの父にあたるジューニアス・スペンサー・モルガンは莫大な資本を持った銀行の共同経営者になり、家族とともにロンドンに移り住んでいる。

彼はイギリスで株券の売買や鉄道レールなどの商品の仲介取引を行い、また多くの犠牲者を出した南北戦争でも北軍の債券を扱って巨額の利益を上げた。

パートナーのピーボディが引退すると、ジューニアスは銀行名を「J・S・モルガン商会」と改め、この銀行から今日のモルガン財閥の歴史が始まった。

彼は大国を相手に債券の発行を引き受けるなどして大成功を収めると、ロンドンでもっとも有名なアメリカ人になったのだ。

カメラマンを杖で威嚇するJ.P.モルガン。

■成功の裏の父の死

一方、ロンドンで育った幼い頃のジョンは、成人するとニューヨークに渡り、ウォール街の投資会社で働き始めた。

幼い頃から父ジューニアスの成功を目の当たりにしてきたジョンが、父と同じ金融業界で働くことを選んだのも当然の話だ。

彼はせっかちなばかりか向こう見ずで、慎重派の父とは正反対の性格だった。しかし父譲りの判断力やひらめきで成功を掴んでいく。会社の許可がないまま勝手にコーヒー豆の大きな取引を行って、莫大な利益を上げたこともあったという。

その後、独立してフィラデルフィアの銀行家ドレクセルとともに「ドレクセル・モルガン商会」を設立すると、ウォール街で名前を知られるようになっていく。

彼は父の潤沢な資金を元に新興企業への融資を積極的に行った。

当時はまだ珍しかった電灯を取り付けたジョンの会社にかのエジソンが直々に出向いて点灯式を行ったというから、ウォール街の人々がどれほどモルガン家を頼りにし、またその強大な力を恐れていたのかがうかがい知れる。

海を挟んだロンドンとニューヨークで、30年以上もともに支え合い商売を続けたモルガン親子だったが、1890年、父ジューニアスがこの世を去るときが訪れる。病気ひとつしたことがなかった彼の最期は、乗っていた馬車が暴走して壁に叩きつけられてしまうというものだった。

こうして父の遺産を相続したジョンは、ついに父を上回る世界有数の銀行家となったのである。

■「大統領さえ恐れる男」になる

彼は豊富な資金を惜しげもなくつぎ込み、モルガン流ともいえる錬金術を繰り返していく。海運業や鉄道業を手始めにさまざまな企業に資金を提供して、それらをまとめ上げて業界屈指の巨大企業を誕生させる。そしてその株を高値で売却して資金を調達し、さらに他の企業の株を買い占めていったのだ。

この結果、アメリカの金融界と産業界では有力企業のほとんどがモルガン財閥の支配下に入ったといわれていて、その頂点に君臨するジョンは「ジュピター（最高神）・モルガン」、「大統領でさえ恐れる男」と呼ばれるようになった。

そんなモルガンの名前は、21世紀の今でも経済ニュースに登場する。

2000年にJ．P．モルガン社はチェース・マンハッタン社と合併して「JPモルガン・チェース&カンパニー」となり、日本はもちろん世界の60カ国以上に拠点を置く大企業になった。その総資産額は、日本の国家予算の2倍近い2兆ドルを超えるといわれている。

【アメリカの兵器産業を率いた】デュポン家

■「死の商人」と呼ばれた男

「DU PONT」と赤字で描かれた楕円形のロゴでおなじみのデュポン社は、200年以上の歴史を持つアメリカ最大級の化学メーカーだ。

デュポン社ではさまざまな薬品や樹脂、繊維などの化学製品を扱っているが、一般の人がそれらを直接購入する機会はほとんどないだろう。

ところが、その存在なくしては現代人の生活は成り立たないといっても言い過ぎではない。ナイロン繊維や、フライパンのコーティングに使われるフッ素樹脂もじつは彼らが開発した製品なのだ。

そんなデュポン社は、19世紀から20世紀初頭にかけて火薬の製造で財を成した「死の商人」としての顔を持っていたのだ。

もともとデュポン家はフランス北西部のルーアンで細々と時計屋を営んでいた。その名前が世界にとどろくきっかけとなったのは、18世紀にこの家を継いだピエール・サミュエル・デュポンの存在だった。

家業の時計屋を継いだものの、彼は仕事そっちのけで学術書を読みあさり、当時の知識人や政治家と付き合うようになる。多くの論文も残っているのでなかなかの才人だったようだ。

やがてルイ16世の時代になると政治の世界で活躍するようになり、外交を担当するなど重要な地位についている。

デュポンの火薬運搬車。

■アメリカ兵器産業を独占する

そんな彼には2人の子供がいた。兄のビクトールは秘書として父と同じく政治の世界に入ったが、弟のイレネーは父の友人を頼ってフランス王立の火薬工場に勤める。

その仕事が性に合っていたのかイレネーはメキメキと頭角を現し、やがて工場の責任者になったのだ。

ところで、ルイ16世時代のフランスといえば革命の嵐が吹き荒れていた頃である。国王を擁護する立場にあったピエール・サミュエルは身の危険を感じると、子供たちとともに祖国を離れて新天地アメリカに渡った。これがデュポン家のターニングポイントだったといえよう。

やがて、イレネーがアメリカには良質な火薬がないことに目をつけ、祖国の工場で培った技術をもとに黒色火薬の工場を設立する。

彼らが開発した強力な黒色火薬は、父の口利きもあってアメリカ国軍に採用されるなど飛ぶように売れた。

東部のデラウェア州の小さな農場にデュポン社初となる工場が建てられ、ここで生産されたデュポンブランドの火薬はまたたくまにアメリカの兵器産業を独占したのである。

その後の米英戦争やアメリカ南北戦争など多くの戦争はデュポン家に莫大な利益を

もたらしたのだ。

特に1861年からの南北戦争では、北軍の密命を受けたデュポン社はイギリスに出向くと、火薬の原料となる硝石の買い占めを3年間も行っている。

こうして火薬を供給し続けたデュポン社が北軍を勝利に導き、アメリカ第1位の火薬製造会社にまでのし上がったのだ。

しかし、これまでの火薬とは段違いに強力なデュポン社の火薬が多くの人々の命を奪ったのはいうまでもない。

60万人以上の犠牲者を出したアメリカ史上最悪といわれる南北戦争の陰で彼らが暗躍していたこともまた事実なのである。

■無残な死を遂げた一族の人々

イレネーは7人の子供に恵まれ、デュポン家の繁栄は2代、3代と引き継がれる。

そんな一族は家族経営に徹して会社の基盤を固めるかたわらで、新型の火薬や爆弾の研究にも余念がなかった。

ところが、恐ろしい威力を持った火薬を開発するには常に危険がともなう。まず、一族の祖であるピエール・サミュエルは、大爆発を起こした工場の火災をどうにか消し止めると疲れ果てたように死んでいった。

イレネーの甥で研究家・企業家として活躍したラモットも、研究中の大爆発に巻き込まれて研究員とともに無残な最期を遂げている。

さらに、戦争によって多額の利益を得たデュポン家に対して世間の風当たりは強かった。アメリカの戦争を陰で支えた彼らは軍や政治家からは評価されたものの、一般の人々にとっては屍の山を築いた張本人でしかなかったのだ。

こうしたさまざまな困難の末に、第一次世界大戦後のデュポン社は民間市場向けの製品を扱うようになっていく。

塗料やプラスチック、農薬や人工素材などの開発を行い、レジャーブームに乗ってビニール製のビーチボールまで作っていたこともあるという。

現在では1200以上の化学製品を扱い、総資産額は510億ドルを超える巨大企業に成長している。デュポン家は、これからもアメリカを代表する大財閥として君臨し続けるのだろう。

【名門一家を襲う死の連鎖】ケネディ家

■史上最年少で当選・暗殺された大統領

アメリカの大統領選挙が近づくと、1960年のケネディとニクソンのテレビ討論の映像が、日本のニュース番組でも流されることがある。2人の大統領候補が聴衆の前で対峙するその映像を一度は目にしたことがあるだろう。

テレビを通じて熱く理想を語りかける若いジョン・F・ケネディ民主党候補に女性や若い世代の支持が集まり、最終的にアメリカ国民は当時まだ無名だったケネディを新しいリーダーに選んだのだ。

史上最年少となる43歳でアメリカ合衆国大統領の座についたケネディは、美しいファーストレディのジャクリーンと可愛い子供たちとともに世界中の話題をさらった。

ケネディ一家は希望にあふれた自由の国、アメリカの象徴だったのである。

ところがそれからわずか3年後の1963年11月22日、多くの国民から愛された大統領は遊説先のテキサス州ダラスで凶弾に倒れてしまう。頭部を狙撃され、車の後部に飛び散った夫の脳をかき集めるジャクリーン夫人の映像は、アメリカ国内を絶望のどん底に突き落とした。

この暗殺劇にはミステリアスな点が多いことで知られている。大統領の命を奪った単独犯とされたオズワルドが逮捕後すぐに殺されたばかりか、大統領の命を奪ったとされる銃弾の不自然な軌道は複数犯の存在を示唆しているのだ。

事件の背後には、当時の副大統領ジョンソンの存在や、大統領との関係の悪化から解体の危機に瀕していたCIA（中央情報局）、さらには地球外生命体の極秘情報の口外を恐れた軍部の陰謀説まで噂されるが、その真相はいまだに明らかになっていない。

いずれにしても、ケネディ大統領は簡単に公にされることはない〝強大な力〟によって潰された可能性が高い。

さらに調べてみると、ケネディ家にまつわる忌まわしいエピソードはこの暗殺事件だけではなかったのだ。

■貧しい移民から上院議員へ

ケネディ家はもともとアイルランドからの移民だった。

ジョン・F・ケネディの曾祖父にあたるパトリック・J・ケネディは、1840年代にアイルランドを襲った大飢饉で祖国を離れることを決意。移住者ですし詰めの貨物船に乗ってどうにか大西洋を渡り、アメリカ東部のボストンの貧民街に移り住んだ人物だ。

彼は新天地で同じアイルランド移民の女性と結婚して、5人の子供をさずかる。ところが、劣悪な環境で身を粉にして働いたことから肺結核にかかり、35歳という若さでこの世を去ってしまった。

パトリック.J.ケネディ

父を早くに亡くしている息子のパトリック・J・ケネディは、学校を辞めて家族のために働き、やがてアイルランド人相手の酒場を経営する。

ここでアイルランド人有力者たちとのつながりをつくった彼は、見事に下院議員に当選した。こうしてケネディ家は政界に進出し始めたのである。

ケネディ家の野心はパトリック・Jの子供、ジョゼフの代でより現実のものになっていく。実業家として大成した彼はボストン市長の娘と結婚すると9人の子供をもうけ、アイルランド系として初の駐英大使という要職についたのだ。

ところが、まるでコインの表と裏のように、成功の影ではいくつもの悲劇がケネディ一族に忍び寄っていた。

まず、ジョゼフが期待をかけた長男は第二次世界大戦で爆死して、その遺体は家族の元に戻ることはなかった。

さらにその数年後には次女が飛行機事故で死亡。精神をわずらっていた長女は手術を受けて廃人同然になってしまっていたのだ。

次々と訪れる悲劇を乗り越えた次男のジョンが、父の、そして一族の期待を一身に受けることになったのはいうまでもない。ジョンは見事にその期待に応え、下院議員、上院議員を歴任して確実にキャリアを積み重ねていく。やがて民主党の大統領候補に選ばれた彼は、１９６０年の大統領選挙でニクソン候補を僅差で退けると、ついにケネディ一族の悲願ともいえるアメリカ政界の頂点に立ったのだ。

さらにジョンは弟のロバートをみずからの右腕となる司法長官に任命している。東西冷戦下の1962年に発生した「キューバ危機」では、ケネディ兄弟のかじ取りによって第三次世界大戦の危機を乗り越えたのは有名な話だ。

ところが、ケネディ家の成功はやはり長くは続かなかった。

父ジョゼフ、母方祖父ジョン・F・フィッツジェラルドとともに写真に収まるジョン。

■成功とともにおとずれた悪夢

息子たちの成功を誰よりも願った父のジョゼフは、ジョンが大統領に就任した1年後に病に倒れて言葉と体の自由を失っている。

そして、ダラスの暗殺事件でジョンがこの世を去るのはご存じの通りだ。

それればかりか、兄とまったく同じ不幸が弟のロバートにも降りかかる。「ボビー」の愛称で親しまれていたロバートは、兄の意志を継ぐべく1968年の大統領選への出馬を表明したが、その予備選の最中に銃撃を受けてこの世を去ったのだ。兄同様に頭部を銃撃された彼の死には、やはりCIAの陰謀説などいくつもの疑惑が現在もつきまとっている。

ここまで一族の人々を苦しめながらも、ケネディ家の悲劇はまだ終わることはなかった。

ジョンの3人の子供のうち、長男のパトリックは早産が原因となって生後わずか2日で死亡。三男のケネディ・ジュニアは、1999年にみずから操縦する自家用機で妻とともに消息を絶ち、数日後に海底で大破した飛行機の残骸とともに遺体で発見された。

さらにロバートの子供たちまでもが麻薬中毒やレジャー中の事故でこの世を去り、栄光に満ちたケネディ家は一転して呪われた一族として恐れられるようになったのだ。

ワシントンD.C.からも近いアーリントン国立墓地は、広大な敷地に20万人以上の

ケネディ夫妻とその子供たち（1938年）。夫妻を除いて左からユーニス、ジーン、ローズマリー、ロバート、エドワード（膝の上）、ジョン、パトリシア、キャサリン、右奥が長男ジョセフJr。このうち約半数が不慮の死を遂げた。

政府高官や戦没者が眠る場所だ。この墓地の一角に、ケネディ大統領は弟のロバートや妻のジャクリーンとともに眠っている。

今でも多くの人が訪れる彼の墓には「Eternal Flame」（永遠の炎）と呼ばれる小さな炎を見ることができるが、この炎は、生前にジャクリーン夫人が灯したものだという。

アイルランドから海を渡ってアメリカにやってきてわずか4世代、120年ほどの間に多くの成功者を輩出したケネディ家だが、その代償はあまりに大きかったのである。

2章

恐ろしい人物を輩出した名家

【ローマ教皇を味方につけた一族】メディチ家

■銀行業で勢力を伸ばす

イタリア中部の都市フィレンツェにあるウフィツィ美術館には、イタリア・ルネサンスを代表する数え切れない芸術品が収められている。ボッティチェッリの『ヴィーナスの誕生』やレオナルド・ダ・ヴィンチの『受胎告知』など名だたるものばかりだ。

ここにある世界的な作品の数々は、当時のフィレンツェの実権を握り、多くのアーティストたちのスポンサーだったメディチ家の存在なしにはこの世に誕生しなかったといっても過言ではないだろう。

もともとは郊外の農村に暮らしていたメディチ家の祖先たちが田畑を売り払い、成功をめざしてフィレンツェにやってきたのは13世紀頃だったといわれている。

フィレンツェで薬や織物を扱う商売を始めたメディチ家は、やがて銀行業も営むようになって徐々にその地位を築いていった。

東方三博士に題材を借りたメディチ家当主３人の絵画。

その後、15世紀になってジョヴァンニ・ディ・ヴィッチの代でメディチ家は大成功を収める。出しゃばらず、誰に対しても腰を低く接したというジョヴァンニは多くの人々から信頼を得た。

同時に彼はフィレンツェの実力者たちに湯水のように融資を行い、政財界と太いパイプを築くことも怠らなかったのだ。

１４１０年にはメディチ家が支援していたヨハネス23世がローマ教皇に選出され、その見返りにメディチ銀行は教皇庁の財務管理を独占する。今でいうなら国の中央銀行の業務を一手に任されたようなものである。

教皇庁の後ろ盾を得て巨万の富を築きあげたメディチ銀行は、当時ほかの銀行に比べて20倍以上の税金を納めていたというから、その圧倒的な財力をうかがい知ることができる。

ジョヴァンニの死後、彼の跡を継いだ長男のコジモ・イル・ヴェッキオはメディチ銀行の支店をヨーロッパの各地へ拡大した。メディチ家が多くの芸術家や学者のスポンサー活動を始めたのもこの頃である。

こうして富と地位を築き、フィレンツェばかりか西ヨーロッパ全土にその名をとどろかせたメディチ家は、政財界の中枢に多くの人物を送り込んでいる。

■魔術や占いにのめりこんだ王妃

そんな一族のなかでも特筆すべき悪名高き人物といえば、フランス王妃にまで上りつめた「黒衣の王妃」の異名を持つカトリーヌ・ド・メディチだ。彼女は1572年に大虐殺事件を引き起こし、パリで一夜にして3000人もの命を奪っている。

1519年、メディチ家の一員としてカトリーヌはこの世に生を受ける。

ところが、彼女は月食の日に生まれた不吉な子供として、「いつの日か周囲に災いをもたらす」と予言されたという。実際に生後わずか数日でカトリーヌの母親が、さらにそのあとを追うように父親までもが相次いでこの世を去っている。

孤児となったカトリーヌは修道院で育てられ、学識を身につけた聡明な女性に成長する。時のローマ法王クレメンス7世がメディチ家出身の人物だったこともあり、法王の遠縁である彼女には政略結婚のための求婚が相次ぎ、やがてフランスの第二王子であるアンリのもとに嫁いでいった。どちらもまだ14歳という若さでの結婚だった。

カトリーヌ・ド・メディチ

しかし、フランスに渡った彼女を待っていたのはアンリの愛人ディアヌの存在だ。美貌を誇り、宮廷内でも公認の愛人だったディアヌはまるで本妻であるかのように振る舞っていたのだ。

常に孤独と不安に苛まれていた彼女は、いつしか不気味な魔術や占いに夢中になり、世紀の予言者として知られるノストラダムスとも親交があった。

やがて王位継承者や国王が次々とこの世を去り、カトリーヌの夫がアンリ2世としてフランス国王の座についたのである。

ちなみに、フランスに嫁いだカトリーヌは、アイスクリームや菓子といった美食をはじめとするイタリア・ルネサンスの華やかな文化をフランスに伝えたことでも知られている。フランスの食文化が現在のように花開いた背景にも、じつはメディチ家の存在があるのだ。

■息子たちを出世させ権力を握る

時は流れて1559年、アンリ2世は槍試合の最中に槍が目に突き刺さるという不幸な事故によって亡くなってしまう。ノストラダムスが予言していたことでも知られているエピソードである。

愛する夫を失ったカトリーヌは、それからは常に喪服で過ごすようになった。

こうして黒衣の王妃が誕生したのだが、彼女は悲しみに暮れているばかりではなかった。

カトリーヌは息子たちを次々と王位につかせては、政治の実権はみずからが掌握するという独裁体制を築き上げた。まるで、これまでのみずからの人生に復讐を果たすかのように権力の頂点に君臨したのである。

しかし華やかな日々は長くは続かない。歴史上の多くの独裁者がそうであったように、その運命の歯車もまた狂い始めていく。

彼女は息子のフランス国王シャルル9世を言葉巧みに追い込み、政敵であるプロテスタント系のユグノー派コリニー提督の殺害を命じさせる。ところが、この計画はいつしかパリ中のユグノー派の虐殺にまで一人歩きしてしまったのだ。

まず国王の命を受けた兵が自宅を襲い、コリニー提督がその体を刻まれて殺害された。首ばかりか生殖器も切り取られたという提督の遺体は、見世物のように処刑台に逆さに吊るされたという。

これが狂気の始まりとなり、真夜中のパリのあちこちでカトリック系の市民までもが武器を手に取り、ユグノー派の虐殺を始めたのだ。

■一夜で3000人が虐殺される

寝込みを襲われたユグノーの人々は無抵抗のまま殺されていった。剣で切りつけられたり、こん棒で殴り殺されたり、生きたまま川に投げ入れられる者もあった。

あちこちに死体が積み重なり、パリの石畳は死体から流れ出る血で赤く染まった。パリが地獄と化した1572年8月24日の「聖バルテルミーの虐殺」と呼ばれる悲劇である。

この日以降、罪の意識にさいなまれたシャルル9世は別人のように痩せ衰えていき、わずか2年後に病死。

その後、カトリーヌは三男をアンリ3世として王位につかせたものの、彼は宗教対立から暗殺されてしまい、ここにフランスにおけるメディチ家の王朝はあっけなく終焉を迎えることになる。

カトリーヌ本人も1589年に69歳の生涯を終えた。病床から我が子アンリ3世の行く末を案じながらの最期だったといわれている。

イタリアで成功を収め、今度は海を渡ってフランスにやってきたメディチ家の血筋

フランソワ・デュボワ画「サン・バルテルミーの虐殺」

は、不幸なことにフランス史には悪名しか残すことができなかったのである。

最後に、イタリアの本家メディチ家の終焉についても触れておこう。

メディチ家の名声は200年以上続いたが、1737年にトスカーナ大公のジャン・ガストーネ・デ・メディチがこの世を去ると、彼が跡継ぎを残していなかったことからその血筋は断絶してしまう。

また、当時は宗教改革や大航海時代の到来によって、時代の中心はイタリアや地中海からスペイン、イギリスへと移っていった頃でもある。ルネサンス時代の終焉とともに、メディチ家もその役目を終えて歴史の舞台から去っていったのだ。

【串刺しによる恐怖政治をした】ヴラド家

■人体を串刺しにする領主

「夜な夜な人の生き血をすすり数百年の命を生きる」といえば吸血鬼伝説だが、そのモデルとなった人物が15世紀のルーマニア、ワラキア公国の君主ヴラド3世である。

ヴラド・ツェペシュという名で呼ばれる人物だが、「ツェペシュ」とはルーマニア語で「杭・串」を意味している。ヴラド・ツェペシュはその名の通り、人々を次から次へと串刺しにして殺していったのだ。

串刺しという処刑方法は、当時の軍人たちにとって珍しいものではなかったが、ヴラド・ツェペシュのやり方はまさに血に飢えていた。

彼は、犠牲者たちの口や尻から体に串を突き通すのを好んだ。そしてそのまま地面に柱のように立てて並べ、もだえ苦しみながら絶命していくようすを、楽しんで見物したのである。

ヴラド・ツェペシュによって串刺しにされ殺された者は、全部で数万人にも及んだとされる。いったいなぜ、この君主はこのような非道を繰り返し行ったのだろうか。

じつは、14～15世紀、ヨーロッパのバルカン半島周辺に住む民族はみな、オスマン帝国などの大きな国によって何度も侵略を受けていた。

串刺しにされた人々のそばで食事をするヴラド・ツェペシュ。

ヴラド家の統治するワラキア公国もそんな小国のひとつであり、なおかつ、ヴラド家は国内勢力も無視できなかった。

彼らは、強大なオスマン軍と戦いつつ、いつ配下であるはずの貴族たちが手のひらを返して襲ってくるか、その不安や恐怖とも戦わなくてはいけなかったのだ。

■敵国の宮廷で人質として過ごす

祖父の代からオスマン帝国と戦ってきたヴラド家は、ヴラド・ツェペシュが生まれたときにはオスマンの支配下に置かれていた。

ツェペシュは10代の多くをオスマン宮廷で人質として過ごさなければならなかった。そしてワラキアに戻ってきたときには父も兄も暗殺され、周囲はいつ裏切るかわからない者ばかりになっていたのである。

１４５６年、25歳にしてワラキア君主となったヴラド・ツェペシュは、まず貴族たちを一堂に集めた。そして、父と兄の暗殺に加わったとされる貴族たちをその場で串刺しの刑に処したのである。

このとき、血の臭いにいやな顔をしたというだけでツェペシュの怒りを買い、情け容赦なく串刺しにされた貴族もいた。この宴会の様子を示す絵には、串刺しにされた人間たちの脇に、死体に斧を振り上げる従者と、もぎ取られた手足などが描かれている。

自国の裏切り者でさえこのありさまだから、宿敵であるオスマン軍の兵士などは問答無用の無残な殺され方だった。

ひどいときには、累々と何百メートルも串に刺された遺体の列が続き、烏や野生の動物たちがそれにむらがる光景が広がっていった。あまりに血なまぐさい地獄絵図に、入国したオスマン軍はその場で引き返すほどだったという。

こうして串刺しによる恐怖政治を行ったヴラド・ツェペシュだが、一時期オスマン軍からの迫害は減り、自国民による商業は発展して国内は安定した。これにより、ルーマニア国内では、他国の侵略から守った将軍として評価されてもいるのである。

しかしツェペシュの串刺し統治はわずか6年間しか続かなかった。１４６２年の対トルコ戦争に敗れた後はハンガリー軍によって捕らえられ、独房で12年間も監禁生活を送った。

釈放後にはまたワラキア君主の座に返り咲くが、すぐさまオスマン軍との戦いに敗れて戦死してしまった。

その遺体は、ルーマニアの首都ブカレストの、湖に囲まれた孤島の上に立つ修道院の教会堂の床下に眠っているとされるが、真偽は明らかではない。

【問題のある人物が多かった名家】バートリ家

■貴族の中でもとびきりの女性

16世紀のハンガリーに、「永遠の美」を求めて恐ろしい欲望に衝き動かされたひとりの伯爵夫人がいた。

彼女の名はエリザベート・バートリ。自分の美貌を保つために彼女が嬉々として行っていたこと——それは、若い娘を600人以上も惨殺し、彼女たちから搾り取った血で湯浴みすることだったのだ。

エリザベートは中欧における古くからの名門、バートリ家の出身である。

バートリ家はハプスブルク家とも縁が深い大貴族で、エリザベートの母方の叔父ステファンはトランシルヴァニア公兼ポーランド王である。つまり、彼女は当時の貴族の令嬢・夫人のなかでも、いわばトップクラスの女性だったといえる。

1560年にバートリ家に生まれたエリザベートは、15歳のときに5歳年上のハンガリー貴族フェレンツ・ナダスディと結婚する。

名家だけに結婚相手は幼い頃から決められていて、ナダスディ家も900年以上続いた家柄だ。結婚式は豪華絢爛で、時の神聖ローマ皇帝マクシミリアン2世からもお祝いが届いたほどである。

結婚後、エリザベートたちが暮らしたのはチェイテ城だったが、この城がやがて血の惨劇の舞台となるとは夫のフェレンツも誰も想像しなかっただろう。

エリザベート・バートリ

■問題のある人間が何人も生まれる

そもそもバートリ家では、嗜虐的な人物や精神に異常をきたす者、黒魔術の信奉者など、人格や心身に欠陥のある者がエリザベート以外にもたびたび生まれている。

たとえば、エリザベートの父方の叔母で

あるクララ・バートリは色情狂だった。彼女は4度の結婚を繰り返したが、最初の夫は彼女との夜の生活があまりに激しいために衰弱死し、2人目の夫もベッドで窒息死している。

こうした異常者を多く生み出してしまった背景には、領土や財産を維持するために近親婚を繰り返してきたことがある。

エリザベートの残忍性も家系的なものだったと考えられるが、ともあれ彼女が44歳のときに夫が亡くなると、彼女は残虐の限りを尽くすようになった。

下男に命じて村の若い娘たちを城の地下室に集めさせ、裸にして虐殺したあげく、搾り取った血を桶にためて湯浴みをして楽しんだ。

生まれつき美貌の持ち主だったエリザベートは美への執着も激しかったが、40代となってさすがに容色に衰えを感じたようだ。

そんなエリザベートが美しさを保ち、若返るために何よりも効果があると信じて疑わなかったのが若い娘の血だったのである。

娘たちの殺され方はさまざまだった。裸で縛り上げられ鞭で打つ、針で刺すといった拷問などは序の口で、口を針で縫う、火掻き棒で身体中を焼く、口を裂く、手足をばらばらに切断する、性器を切り取られた者までいた。

また、エリザベートは「鉄の処女」という拷問器具も作らせている。これは中が空洞になった鋼鉄製の人形で、人形の中に入った人間は串刺しにされるようになっている。

「鉄の処女」のスケッチ（1837 年）。右胸に 13 本、左胸に 8 本、眼の部分に 1 本の鉄製の刺がある。

さらに、エリザベートはチェイテ城だけにとどまらず、ウィーンでも同様の虐殺を行った。彼女が泊まった宿の部屋からは娘たちの絶叫が聞こえていた。

いつしかウィーンでは彼女のことを影で「血の伯爵夫人」と呼ぶようになっていた。

誰もがエリザベートの奇行を怪しんでいたが、絶大な権力を握るバートリ家の存在を恐れて公の秘密とせざるを得なかったのである。

■人殺しを楽しむための道具

しかし、1610年12月、とうとうエリザベートに捜査の手が及ぶことになる。事件が発覚したきっかけは城の隅に埋められた娘たちの死体を狼が掘り起こしたためとも、監禁されていた娘が脱走したためともいわれる。

また、より高貴な血を求めてエリザベートが貴族の娘にまで手を出し始めたのが、ハンガリー王家であるハプスブルク家の耳に入ったことが引き金になったともいわれる。

いずれにしろ、捜査のためにチェイテ城の地下室を訪れた人々はおぞましい光景を目の当たりにする。そこには身の毛もよだつ拷問器具や、手足を刻まれ惨殺された娘たちの死骸が転がり、あたり一面に血痕が飛び散っていたのだ。

瀕死の状態で辛うじて生き延びていた娘たちも数人いたが、先に殺された娘たちの死肉を食べさせられていたという。

やがて明らかになった犠牲者の数は、エリザベート側が記録に残していた者だけでも600人以上にのぼる。彼女はバートリ家の中でももっとも悪名高い殺人鬼となった。

翌年の裁判では、虐殺に加担した下男や下女は火あぶりの極刑にされたが、当のエリザベート本人は名家の出身だったため、裁判にすら出廷しなかった。

とはいえ、エリザベートはチェイテ城に終身禁錮刑となった。窓という窓を石や漆喰で塞がれた真っ暗な部屋の中で、彼女はただ食物と水だけを与えられる日々を送る。

それから3年後、エリザベートは54歳でこの世を去る。骨と皮だけに痩せ細り、肌は皺だらけで、目はくぼみ、あれだけ執着した美貌はもはやどこにも見られなかった。

今でもチェイテ城は廃墟となって現存するが、地下室には娘たちがもだえ苦しんだときについた爪の跡がいまだに残り、夜ともなれば悲鳴や絶叫が聞こえてくると噂されている。

廃墟になったチェイテ城。

【病んだ王を多出した一族】ヴィッテルスバッハ家

■18歳で即位した美貌の青年王

ドイツのロマンティック街道は、中世の城壁や町並みがそっくり残された絵画のように美しい観光ルートとして知られている。なかでも、人気の城のひとつがノイシュヴァンシュタイン城で、白く高い塔を持ち、幻想的な美しさを誇っている。

このノイシュヴァンシュタイン城を築いたのが、ヴィッテルスバッハ家のルートヴィヒ2世だ。

ヴィッテルスバッハ家は12世紀から700年にわたってバイエルンを支配したドイツの代表的な名家で、古くは神聖ローマ帝国の皇帝も輩出している一族である。

1864年3月、ルートヴィヒ2世が18歳で即位したとき、バイエルンの人々はルートヴィヒ2世を熱狂的に迎えた。その大きな理由は、彼の美しさだった。

身長191センチメートル。現代的な八頭身にすっきり通った鼻筋、黒く哀愁を帯びた瞳、黒褐色の巻き毛――。その態度はあくまで毅然として気高く、崇高な精神を秘めていると想像させたのだ。

ところが、ルートヴィヒ2世は政治にはほとんど関心がなかった。

当時、ヨーロッパの王は誰もが、近隣国との間で紛争の種を抱えていたのだが、ルートヴィヒ2世は戦争などという血なまぐさい話には嫌悪感しか持てなかった。

また、形式的な社交なども大嫌いで、どうしても嫌な人間と会わなくてはいけないときは、テーブルの真ん中に花をたくさん活けて相手の顔も見えない状態にしてしまうのだった。

ルートヴィヒ２世

■精神病認定ののち溺死する

そんなルートヴィヒ2世が好んだものは「音楽」と「美」である。

まず、即位してすぐに行ったのは音楽家のワーグナーを探し出して呼び寄せることだった。そして、ワーグナーの負債を肩代わりして、彼の作曲と派手な生活をパトロンとして支え続けたのだ。

ルートヴィヒ2世の情熱のもう一方は、城を作ることに傾けられた。バイエルン王は代々城を建てているが、ルートヴィヒ2世のそれは普通ではなかった。

代表作のノイシュヴァンシュタイン城では、城のデザインを建築家ではなく、宮廷劇場の舞台美術を担当していた画家に行わせている。このため、まるで舞台美術のように壁画や天井のモチーフは美しく描かれ、人工の洞窟まである一方で、城としてなくてはならない小聖堂や墓地がなかったり、玉座が後回しになったりしていた。城全部を使ってワーグナーの歌劇の世界を再現したかったというのだ。

ルートヴィヒ2世はこの城の他にも、リンダーホーフ城、ヘレンキームゼー城という2つの城の建設を進めていた。

そして、ファルケンシュタイン城というさらに壮大な城の建設計画が浮上したとき、この散財から国を守る動きが起こった。

1886年、バイエルンの政府首脳は、医師を4人も派遣してルートヴィヒ2世の診断を行った。そしてバイエルン議会はルートヴィヒ2世を精神病と認定し、廃位を宣告したのである。

当時、ノイシュヴァンシュタイン城はやっと完成したばかりで、当然ルートヴィヒ2世は抵抗するが、逮捕されシュタルンベルク湖畔に近いベルク城に幽閉されてしまう。

湖畔でルートヴィヒの水死体が発見されたのは、その翌日のことだった。そばには、弟オットーの主治医でもあったフォン・グッデンの遺体もあった。「自殺」とされているが、その真実は今も不明である。

ノイシュヴァンシュタイン城

■エリザベートの悲しみ

「童貞王」ともいわれたルートヴィヒ2世は、同性との性的関係を好んだ。そして生涯結婚せず、心を許したのはワーグナーと、同じヴィッテルスバッハ家出身でハプスブルク家に嫁いだエリザベート（183ページ）である。

ヴィッテルスバッハ家の特徴のひとつに、男女の別なく美形ぞろいだということがある。美男の代表がルートヴィヒ2世だとすれば美女の代表はエリザベートである。この2人はじつは美しさだけでなく、精神のもろさと奇行にも深い共通点があったのだ。

死亡の知らせを聞いたエリザベートは深く悲しんで「彼は気が狂っていたのではない。ただ夢を見ていただけ」という言葉を残している。そして、当時流行っていた降霊術などを使って、ルートヴィヒ2世の霊と何度も交信していたという。

ルートヴィヒ2世の廃位のあと、弟のオットー1世が即位するが、彼もすでに心を病んでいて実際の政治を行うことはできなかった。

なお、彼がたったの100日間しか住むことができなかったノイシュヴァンシュタイン城だが、すぐに一般開放され、今も観光の目玉になっている。

【清朝を滅亡させた西太后の血筋】エホナラ家

■呪いをかけて死んだ一族の首長

西太后――。中国の歴史に疎い人でも、この名前を知らない人はいないだろう。清朝末期、47年にわたって実権を握った女帝である。

自分の意に添わない者は誰であろうと容赦なく抹殺した彼女は、絶大な権力のもと、ついには清朝を滅亡へと導いていった。

清朝は300年近く中国を支配した女真族の王朝である。女真族は、中国東北地方に住んでいたツングース系の民族で、ヌルハチが女真族の統一に成功すると、後金を建国。のちに国号を清、民族名を満州族と改め、最後の皇帝となる12代までその支配は続いた。

しかし1852年、ひとりの娘が宮廷に召しだされたことで、皇帝一族は恐怖と悲劇の渦に巻き込まれていくことになる。当時18歳だったこの娘こそ、のちの西太后である。

西太后は満州族の一部族である葉赫那拉《エホナラ》氏の出身で、下級役人の娘として生まれる。名を「蘭児」といった。幼い頃から気性が激しく、美しいがずる賢い少女だった。

葉赫那拉氏は満州族のなかでももっとも古く由緒ある家柄だが、じつは、清朝にとっては切っても切れない深い因縁のある家系でもある。

というのは、清の建国前、葉赫那拉氏はヌルハチと覇を競って戦ったが、敗れてほぼ全滅させられた。このとき、葉赫那拉氏の首長は、死の際に「清朝の一族にたとえ女一人でも葉赫那拉の人間が加われば、その者がおまえの一族を滅ぼす」という呪いの予言を残したとされるのだ。

そこでヌルハチは「葉赫那拉氏の娘を后妃にしてはいけない」という掟をつくり、代々の皇帝はその掟を守った。

ところが、清末、西太后のあまりの美しさに惑わされた咸豊帝《かんぽうてい》がついに掟を破って彼女をめとってしまう。このため国は乱れ、清はとうとう滅亡に至ったといわれる。

■王朝を滅ぼした美貌の娘

咸豊帝の目に留まり寵愛を受けた西太后は、男子を出産し、次期皇帝の生母としてしだいに宮廷内での勢力を増大させていった。

やがて1861年に咸豊帝が亡くなると、政治の実権を握っていた大臣らが西太后を排除しようと企んだ。

それをきっかけに、西太后はクーデターを実行すると大臣らを逮捕し、首謀者3人を即刻死刑としたのである。

これにより生母である西太后と、嫡母である東太后のふたりが幼い同治帝《どうちてい》を摂政として支える垂簾政治が始まり、西太后は実質的な清の支配者となった。

そして、このあと西太后に逆らう者は誰であろうと無慈悲に抹殺されていくことになる。

臣下を従える西太后（奥中央）。

光緒帝

咸豊帝の寵妃だった麗妃は、手足を切り取られたうえに大きな壺の中に入れられていたと伝えられる。

1875年、同治帝は重い病をわずらった末、原因不明の死を遂げる。一説に、これも権力を奪還したかった西太后の仕業ではないかとささやかれている。

当時、同治帝の子を妊娠していた皇后は、腹を下にして天井から吊るされ、そのまま何度も床に叩きつけられたために腹の子供を流産したといわれ、のちに自殺する。

同治帝の亡き後は、自分の妹の子である4歳の光緒帝《こうしょてい》の摂政となったが、光緒帝が心優しい東太后になつくと、今度は東太后にまで手をかける。

病気をわずらっていた東太后に西太后から差し入れがあったところ、急に容態が悪くなり亡くなったというのだ。

やがて光緒帝が成長して西太后と反目するようになると、光緒帝すら幽閉してしまう。しかも光緒帝の目の前で寵妃を井戸に投げ込ませるという惨たらしい事件まであった。

最後の10年は、西太后の完全独裁状態だったといっていい。

だが、そんな西太后にも死のときが訪れる。１９０８年、幽閉されていた光緒帝が37歳の若さで崩御すると、その翌日、数日前から病に臥していた西太后もまた静かにこの世を去る。享年74歳だった。

その後、わずか3年で辛亥革命が勃発。西太后が決めた最後の皇帝・溥儀《ふぎ》は退位し、清朝は３００年の歴史に幕を下ろした。

【独裁者とグルになって稼いだ一家】コファンコ家

■独裁者の右腕を20年つとめる

政治とカネの問題に頭を悩ませているのは日本だけではない。フィリピン政府はある大物を公金流用の疑いで法廷に引っ張り出した。

その相手が、フィリピン一の事業家であり、またその周囲には黒い噂の絶えないダンディン・コファンコである。

20年にわたり独裁を続けた悪名高きマルコス政権下で、大統領の右腕とまでいわれた彼は、いったいどんな悪事をしでかしてきたのだろうか。

コファンコ家は華人と呼ばれる中国系の住民で、その祖先は18世紀後半に中国からマニラにやってきた。

一族は金融業などで財を成し、製糖工場や銀行まで設立していたので、ダンディンが生まれた1935年の時点ではすでに国内でも有数の大富豪になっていたのだ。

それればかりか、ダンディンの祖父や叔父は国会議員や州知事だったこともあり、コファンコ家は「金」と「権力」の2枚のカードを持ち合わせていた。

そんな環境で育ったダンディンが、やがて政治力を利用して成り上がっていったのも当たり前のことだったのかもしれない。

じつは、そのコファンコ家が名付け親になっていたのが1965年に大統領に就任したフェルディナンド・マルコスだった。

ダンディン・コファンコ（写真提供：AFP＝時事）

こうして、野心に燃えるダンディンとフィリピンを思いのままに操ろうとしたマルコス大統領は手を組んだのである。

■大統領令を使って私腹をこやす

マルコスは自分たちに都合のいい大統領令を次々と発布した。特に、フィリピンの主要な農作物であるココナッツの取引に関しては、国が徴収した金の管理をすべてダンディンに任せたのだ。

ダンディンはこの金で私腹をこやしたといわれているが、もちろん大統領にも何らかの見返りはあったはずである。

さらに、1983年にはダンディンとマルコスはフィリピン最大のビールメーカーであるサンミゲル社の株を購入して筆頭株主になった。

このときにも莫大な金が不正に動いた疑いがあり、その真相を明らかにするための裁判が、マルコス政権の負の遺産のひとつとして続いていた。

そしてフィリピン最高裁は2011年4月に政府の主張を却下したため、75歳になったダンディンの事実上の勝訴が確定した。

しかし、フィリピン国民の疑惑の目は今でも彼に向けられたままなのである。

【マフィアまがいの王子がいる王家】サヴォイア家

■逮捕されたプリンス

サヴォイア家は、11世紀前半の神聖ローマ帝国の時代から史実に残る名家である。長い間フランスやハプスブルク家との攻防を続け、シチリアやサルデーニャなどの土地を治めてきた。

トリノに残るサヴォイア家王宮群は世界遺産に登録されているし、イタリアのあちこちの街には「ヴィットーリオ・エマヌエーレ」という名前のついたストリートが存在している。

2006年6月、そのイタリア王家の直系の跡取りであったヴィットーリオ・エマヌエーレ・ディ・サヴォイアがイタリア捜査当局によって逮捕され、国内は大騒ぎになった。

世が世であれば、5代目のイタリア国王となるはずだった人物である。

そんな彼が何をしたのかといえば、武器の横流しやマネーロンダリング、賭博、売春あっせんなどマフィアがらみの行状が次から次へと出てきたのである。

なんと外国人留学生を撃ち殺したという殺害容疑までもたれたが、これについては証拠不十分で釈放されている。

そもそも、サヴォイア家のイタリア王室としての歴史はそう長くない。

1861年のイタリア統一で初代国王となったヴィットーリオ・エマヌエーレ2世と2代目のウンベルト1世は、聡明にして勇敢な名君としてイタリア国民の信頼を集めたが、3代目のヴィットーリオ・エマヌエーレ3世は強権的な君主となり、独裁者ムッソリーニと協力関係にあった。このため、第二次世界大戦が終わるとイタリアは国民投票を行って王制を廃止してしまったのだ。

サヴォイア一族は国外追放となり、王位継承権のある男子はイタリア憲法により入国さえ禁じられてしまった。

4代目のウンベルト2世は、1946年の5月から6月中旬までわずか1ヵ月ほどしか王位につかなかった人で、「五月王」などと呼ばれているのである。

五月王の息子である王太子ヴィットーリオ・エマヌエーレ・ディ・サヴォイアは、このとき、たった9歳でスイスに亡命した。

そして、ようやく再び母国の土を踏めたのは2002年のこと。すでに65歳で、王位継承権を放棄していた「悲劇の元プリンス」は、ヨーロッパ中の王室好きの話題になった。

逮捕は、それからわずか4年後のことだったのだ。

2002年、入国後に旅券を見せるヴィットーリオ（右）とその息子。（写真提供:ANSA＝共同）

■完全に消えた王家復活の夢

イタリア国民にとって大ショックだったのは、単に世間知らずな王族がとりまきの悪事に巻き込まれたのではなかったということだった。彼は若い頃から素行の悪さで有名だったからだ。

亡命中はヨーロッパ中の王族・貴族と豪遊しな

がら、闇社会にも幅をきかせていた。

イタリアとスイスの国境近くのカジノを根城にうごめく売春組織の親玉になり、スイスでは脱税疑惑も発覚している。むしろ、彼自身がプリンスの立場を利用してやりたい放題だったといってもいいだろう。

そんなヴィットーリオ・エマヌエーレ・ディ・サヴォイアの腐敗した生活を背後で支えていたのが、国際的な親睦団体でありながら、世界を裏で支配するといわれるフリーメイソンの存在だったということが判明している。

じつは、サヴォイア家が２００２年にイタリアへ帰国したとき、国内にはまだ王政を支持する動きもあった。イタリア国民は基本的に王族が大好きなのだ。

しかし、５代目のこの悪行により、王政復古は完全になくなってしまった。

現在、分家筋にあたるアオスタ家から、王家家長の地位をめぐる裁判を起こされているという。

ヴィットーリオ・エマヌエーレ・ディ・サヴォイアは、１０００年にわたって続いた名家の血筋を、素行の悪さで食いつぶしたといえるだろう。

【有名ブランドをめぐる内紛と殺人】グッチ家

■革製品の店で成功をつかむ

背中合わせになった2つのGのマークでおなじみの「グッチ」は、世界の人々から愛されているイタリアの老舗ファッションブランドだ。「ブランド商品の元祖」ともいわれていて、革製のバッグや財布などグッチのファンは日本にも多い。

ところが、この名門ブランドを立ち上げたグッチ家は、経営をめぐって一族内で抗争を繰り返しているのだ。

グッチ帝国の創始者であるグッチオ・グッチは、1881年にフィレンツェでガブリエロ・グッチの三男として生まれている。

父ガブリエロは麦わら帽子の工場を営んでいたが、多額の借金を抱えたまま工場は倒産。まだあどけなさの残る少年だったグッチオも、働き手のひとりとして家族を支えなければならなかった。

やがて彼は成功を求めて単身海を越えると、ロンドンの高級ホテルで皿洗いの仕事につく。重労働に耐えながら来る日も来る日も地下の炊事場で皿を洗い続けたグッチオは、やがてウェイターに昇格する。

このとき、彼がホテルを訪れる客と言葉を交わし、荷物を運ぶようになったことがグッチ・ブランドの誕生に影響したといっていい。

ホテルにはとにかく金を持った人々が集まってくる。グッチオはそんな彼らの洗練された文化や美意識に触れ、洒落た衣装やバッグをくまなく観察してセンスを磨いていく。

理想のデザインのイメージを膨らませていった彼は、いつしか自分の店を持ちたいという野望を抱くようになった。

ロンドンで3年ほど働いたグッチオは、必死に貯めた金を手に故郷のフィレンツェに戻り、念願だった自分の店を開いた。1922年のことである。彼はロンドンで磨いたセンスを武器に、イギリスからバッグなど革製品を取り寄せて販売したのだ。

やがて、店には輸入品だけではなく地元の職人が作ったハンドメイドのバッグも並ぶようになった。

高級感あふれる品々が並ぶグッチオの店は、フィレンツェを訪れる人々の間に口コミで広まっていく。こうしてグッチ家は成功への道を歩み出したのである。

■ブランドをめぐる親兄弟の骨肉の争い

結婚して6人の子供に恵まれたグッチオは、子供たちにも店を手伝わせ、家族経営でやりくりしていった。家族の絆によって会社は発展していくと信じていたグッチオにとっては、幸せな日々だったことだろう。

ところが、この子供たちがのちにグッチ家に数々の波乱を起こすことになる。子供たちはさらなる事業の拡大を望み、父の反対を押し切って新店をオープンさせようと企んだのである。

父から後継者として指名されていたのは三男のアルドだった。ところが、彼は経営方針をめぐって父と衝突を繰り返すようになる。そして1938年には父の猛反対を押し切ってローマに出店する。

ローマ店には、エリザベス女王やハリウッドの大女優など世界中から有名人が押しかけるようになり、結果としてこの出店は大成功を収めた。現在も使われているグッチのGマークも、じつはこの頃に考案されたものだ。

これに気を良くしたアルドは、五男のロドルフォとともに今度はニューヨークに店を出した。事業の拡大に反対していたグッチオは、1953年の夏、ニューヨーク店がオープンする数ヵ月前に72歳でこの世を去っている。

こうして次々と出店を成功させたグッチは、1960年代から70年代にかけて一流ブランドとして不動の地位を築いたのだ。

ところが、アルドとロドルフォはしだいに経営権をめぐって争うようになり、80年代に入ってロドルフォが急死すると、その争いは3代目となる彼らの子供たちに受け継がれていく。

結局、1984年にロドルフォの息子マウリツィオが叔父であるアルドを追い出す形でグッチの社長の座についた。

ところが、彼には世界的大企業を率いる器がなかったのかグッチは経営不振に陥り、中東の投資会社に買収されてしまった。マウリツィオはグッチの株をすべて手放し、ついに創業者一族がグッチの経営陣からいなくなるという異様な状況を招いてしまったのだ。

しかし、グッチ家の悪夢はこれでは終わらなかった。

1900年代のグッチオ（右）と父ガブリエロと母エレナ。

■ついに起こった身内同士の暗殺事件

1995年3月、仕事場に向かうマウリツィオは、待ち伏せていた男に突然銃撃を受けた。血を流し倒れたグッチの元社長に歩み寄った男は、さらにこめかみにとどめの銃弾を打ち込む。即死だった。

プロの殺し屋によるこの暗殺劇はさまざまな憶測を呼び、決定的な証拠が見つからないまま迷宮入りするかともいわれた。

しかし、事件から2年後に黒幕として逮捕されたのは、なんと彼の妻パトリツィアだったのである。

自分の思うように動かず、最後にはグッチを手放してしまった夫への憎しみがその動機だったという。

グッチ家の抗争は、ついに身内同士の殺し合いまで引き起こしてしまったのだ。

フィレンツェ郊外には、グッチ家の面々が眠る礼拝堂のように大きな墓がある。そこには、店舗と同じデザインの文字が記されているという。かつていがみあった一族は、今ではこの場所で静かな眠りについている。

【テロリストを生んだ名家】ビン・ラディン家

■史上最悪のテロリストの背景

2011年5月、アメリカ同時多発テロ事件の首謀者とされたオサマ・ビン・ラディンが殺害された。3000人近い犠牲者を出した9・11から10年後のことだった。

彼ほどの凶悪なテロリストというと、ひどく屈折した生い立ちを想像するだろう。しかし、オサマの場合はそういった過去はいっさい持ち合わせていなかった。

1957年、オサマはサウジアラビアで建設業を営むムハマド・ビン・ラディンの子供として生まれた。

このビン・ラディン家は、サウジアラビアでも指折りの名家としてその名を知られていた。ムハマドはサウジアラビアの王族であるサウード家と太いパイプをつくっていたために、国の建設事業を一手に引き受けていたからだ。

彼はサウジアラビア初の幹線道路を手がけ、また国が財政難に陥ったときには全公務員の給料を肩代わりしたこともあるというから、ビン・ラディン一族はまさにアラブの大富豪だったのである。

父の経済的な支援を受け、富も名声も手に入れたオサマは、大学では経営学を学んでいる。いずれは親族の会社に入ってビン・ラディン家を担っていく――。一族の誰もが彼の将来をそう考えていた。

ところが、その後彼は一転してイスラム原理主義者への道をひた走ったのである。

■祖国から追放される

彼は1970年代の激動の中東で20代を過ごした。73年にはビン・ラディン家が聖地メッカのモスク改築を担当し、75年にはファイサル国王がアメリカ育ちの甥に暗殺された。

また、79年にはイスラム原理主義者ホメイニ師によるイスラム革命の嵐が吹き荒れる。そのすべてがオサマを敬虔なイスラム教信者へと導き、同時に彼は西欧社会を拒むようになった。そしてついに78年のソ連によるアフガニスタン侵攻が引き金となり、彼は侵略者に立ち向かう「聖戦（ジハード）」に加わることを決意する。

もともとの財力に加えて、建設業者としての技術やビジネスで金を生み出す術を身につけていたことで、オサマはただの武闘派ではない、史上最悪のテロリストになっていくのだ。

オサマ・ビン・ラディン（写真提供：AFP＝時事）

　1991年、彼は湾岸戦争で米軍を駐留させた王室を強烈に非難してサウジアラビアから追放され、その後国籍も剥奪される。

　スーダンに移ったオサマは、イスラム原理主義のテロ集団と関わるようになった。そこにアフガニスタンで共に戦った兵が集まり、アルカイダは誕生したといわれている。

　彼らの目的はただひとつ、中東からアメリカを追い出してイスラム教を台頭させることだった。金とモノ、人のネットワークを活用してイスラム過激派の中心的存在になった彼は、やがて9・11のテロ事件の首謀者として、54歳で米軍に殺害されたのである。

■ブッシュ家との不可解なつながり

ところで、テロ事件以降、オサマ・ビン・ラディンに関するさまざまな報道がなされたが、なかでも、アメリカ大統領を2代にわたって輩出したブッシュ家とビン・ラディン家の黒いつながりはじつに興味深い。

もともとブッシュ家は石油ビジネスで財を成したことから、サウジアラビアの企業とも取引があった。その縁で、ブッシュ家とビン・ラディン家は古くから面識があり、〝ブッシュ・ジュニア〟ことブッシュ前大統領が立ち上げた石油関連会社に、ビン・ラディン家の長男であるサレムが出資しているという話もあるのだ。彼はオサマの兄にあたる人物で、飛行機事故で死亡している。

のちにテロへの徹底抗戦を誓った大統領一族が、テロリストの身内から支援を受けていたとは不可解な話である。

3章

恐ろしい仕事をしていた名家

【ダイヤをキャッシュに変える】オッペンハイマー家

■広告を使って大々的に売り始める

デビアス社は1888年に設立されたダイヤモンド採鉱会社だ。そして現在でも世界の市場の半数近くを扱う、最大級のダイヤモンド企業である。

このデビアス社の頂点に君臨していたのがオッペンハイマー家だ。その座は初代のアーネストから息子のハリーへと受け継がれ、3代目のニッキーが会長を務めていた2011年まで、およそ1世紀に及んでいる。

ちまたでは「婚約指輪は給料の3カ月分」などといわれるが、かつて婚約指輪といえば女性の誕生石か真珠が主流だった。しかし、今ではダイヤモンドのほうが人気が高くなっている。小さなひと粒でも、ダイヤモンドのきらめきは女性の心をとらえて放さないのだ。

このように婚約指輪＝ダイヤモンドのイメージを生み出したのも、じつはデビアス社の戦略である。

ハリーの時代に発表された「ダイヤモンドは永遠の輝き」というキャッチコピーがきっかけだった。

もともとダイヤモンド業界では、宣伝は商品の価値を下げるとして受け入れられてこなかった。だが、ダイヤモンドの婚約指輪を普及させようと、アーネストが初めて広告を開始したのだ。ダイヤモンドは何億年もの年月をかけて生成された鉱物であるため、末長い愛の象徴にしようと目論んだのである。

このキャッチコピーは人々を魅了し、またたくまにダイヤモンドの婚約指輪が広まっていった。

ダイヤモンド業界を長い間、独占状態で牛

19世紀末頃のオッペンハイマー家の人々。後列から、一家の友人、バーナード、アーネスト。前列はルイス、カート、オットー。

耳ってきたのはデビアス社だ。オッペンハイマー家が莫大な財産を築いたのも不思議ではない。

ただし、デビアス社を創業したのはセシル・ローズという人物である。ローズと対立関係にあったアーネストが、ライバル社を飲み込んでいったのだ。

アーネストはまじめで勤勉だったと伝えられるが、その一方でしたたかな策略家の顔も持っていたのである。

■ライバルを蹴落とす策略

ドイツ系ユダヤ人の商人の息子として生まれたアーネストは内気な少年だったというが、ダイヤモンドを扱う商才には長けていたようだ。

17歳でロンドンのダイヤモンド商社に入社するとめきめきと頭角を現し、わずか数年で南アフリカでのダイヤモンドの買いつけを一手に任されるほどになった。

しかしこの頃、すでに南アフリカのダイヤモンド鉱山は、ローズが立ち上げたデビアス社が独占していた。

どの商社もデビアス社を通さずには、ダイヤモンドを購入できなかったのである。ここに食い込むためには頭を使う必要があった。

アーネストがまず目をつけたのは金の採掘だ。南アフリカにアングロ・アメリカン社を設立すると、金の採掘で大成功を収める。

これで得た潤沢な資金をもとに、いよいよダイヤモンド事業への参入を図ったのである。

デビアスの鉱山で働くズールー族の子供たち。（1885年）（写真提供 :Photo12）

■ダイヤ価格の決定権を手に入れる

もっともローズががっちりと押さえている南アフリカでは勝負にならない。そこでアーネストは周辺諸国に狙いを定めて、独自のダイヤモンド・シンジケートをつくった。

両者は低価格競争で激しく火花を散らすことになり、ダイヤモンド市場が崩壊寸前という状態にまで陥る。

だが、アーネストのほうが一枚上手だった。ローズと競い合う裏で南アフリカ政府にしっかりと根回しをして、自分に有利な法律を成立させてしまったのだ。この法律によって、アングロ・アメリカン社にダイヤモンド売買の絶対的な優先権が与えられた。

しかし、これで満足するアーネストではない。デビアス社の株を買い占めると、有無をいわさず会長の座を手にしたのである。それ以降、デビアス社のトップはオッペンハイマー一族が引き継ぐことになった。

ダイヤモンドは高価なものというのが常識だが、じつは価格を決めていたのはデビアス社だったといえる。シンジケートを独占していたデビアス社は厳密に生産量を管理して、価格が暴落するのを防いできたのだ。

近年ではデビアス社の独占とはいえないものの、相変わらずダイヤモンド業界への影響力は大きい。

【アヘン取引で財産を築いた一族】パーキンス家

■アメリカ史上最大の麻薬密輸王

パーキンス家はアメリカの資産家で、その繁栄は18世紀に活躍したトマス・パーキンスから始まった。

貿易業で巨万の富を手にした彼は、8回も上院議員に当選した政界の大物でもある。トマスが行っていたのは中国貿易だ。しかし莫大な利益をもたらしたのは、陶器や調度品といったまっとうな貿易品ではない。アヘンの密輸である。

トマス・パーキンスは「アメリカ史上で最大の麻薬密輸王」と呼ばれている人物なのだ。

早くから貿易に金儲けの芽があると読んだトマスは、いろいろな海運業者のもとで修行を積む。やがて兄と会社を設立し、アヘン貿易で大成功を収めた。

財力を増すにつれて政治家ともコネクションができ、政財界両方に影響力を持つ存在になっていったのである。

貿易によって蓄えられた資金は、製鉄業、紡績業、鉄道事業などに投資され、さらなる利益を生み出した。

■政略結婚でさらに人脈を広げる

実際、アヘンの密輸はうま味の多い仕事だったといえる。

売買そのもので得られる利益も大きいものの、トマスの成功を目にした上流階級の人々がその分け前にあずかろうと出資者になったからである。

この時代のボストンの名家は何らかの形でアヘン貿易に関わっていたと見られるが、その先鞭をつけたのがトマスだったわけだ。

資産家たちはパーキンス家とつながりを持ちたがり、パーキンス家のほうも人脈が広がることは大歓迎だった。

そのため積極的に一族の者をカボット家、ガードナー家（120ページ）、クッシング家などの有力資産家と結婚させている。

パーキンスの子孫は幅広い人脈と豊富な財産を基盤にして、アヘン貿易を拡大していく。クッシング、スタージスなどといった具合に他家の姓を名乗っていても、そこにはしっかりとパーキンス家の血脈が受け継がれていたのだ。

ちなみに、金融王と呼ばれたＪ・Ｐ・モルガン（48ページ）の妻もパーキンス一族の血を引く女性である。

トマス・パーキンス

【海賊相手の商売から成り上がった】ガードナー家

■海賊相手に銀行業をいとなむ

アメリカの第10代大統領ジョン・タイラーは、歴代大統領の中でも数奇な運命をたどった人物だ。彼は第９代大統領のウイリアム・ヘンリー・ハリソンが就任わずか１ヵ月後に死亡したために副大統領から繰り上がっているのだ。

彼は、大統領になった翌年の１８４２年に妻レティシアを亡くしている。

しかし、それから２年もたたないうちに再婚した。それが北部では名の知れた大富豪デーヴィッド・ガードナーの娘、ジュリア・ガードナーである。

現役大統領の再婚、しかも、そのときジョン・タイラー54歳、ジュリアは24歳という歳の差結婚でもあったので大いに世間を騒がせた。

ただし、この結婚には障害があった。ジュリアの両親が大反対だったのだ。

それは、大統領といえどジョンの実家は、ヴァージニアの農家のプランテーションオーナーで、ガードナー家にとってみれば貧しい家柄にしか映らなかったからだ。

ジョン・タイラーとジュリア・ガードナー。

それでも諦めることのなかったジョンに追い風となったのはある事件だった。

ある日、新型大砲のお披露目船上パーティで、その大砲が爆発し、上院議員としてパーティに参加していたジュリアの父親が命を落としてしまったのである。その不幸につけ込んでジョンは密かにジュリアと結婚までこぎつけたのだ。

しかし、そもそも家柄を問うならガードナー家も大きな声ではいえない秘密を抱えている。なぜなら、ガードナー家の財産の多くは、公にはできない闇コネクションがあってこそのものなのだ。

ガードナー家は、イングランドで生まれたライオン・ガードナーが36歳のときに兵士としてアメリカに渡ってきた1635年から始まっている。

その息子がなかなかの商売上手で、土着の部族に武器や弾薬を売り、イーストハンプトンにある島を買い取り、そこをガードナー島と名付けて王国にし、さらにロングアイランドに所有地を拡大していった。

その所有地の東部が、じつは海賊や密輸業者の停泊地として闇の世界では有名だったのである。

ガードナー島では海賊相手の銀行のようなものを経営していたことは間違いないといわれている。一家は犯罪行為の恩恵を受けて財を成したといってても過言ではないのだ。

■戦争の間も商売を優先する

その闇のコネクションは19世紀なかばまで続き、ガードナー家は何世紀にもわたり築いた財産を維持していくのだが、一時はアメリカ独立戦争や米英戦争、南北戦争という難局があり、どう世間を渡り歩くかに一族の存亡がかかっていた時期もあった。

そこでガードナー家は、国や地域を守るより商人としての利害を優先して行動したのである。

結果として、その頃綿花権利で利益を得ていたガードナー家は、ヴァージニアやサウスカロライナでプランテーションを経営する家系と利害が一致するようになり、そのひとつ、タイラー家とも付き合いが始まり、ひいてはジョンとジュリアの結婚につながったのである。

ガードナー家は家柄にこだわったが、一家の財源はけっして誇れるものではない。だから、むしろそんな闇商売を生業としていた一族でありながら、ファーストレディになったことのほうが分不相応ともいえる。

近年、16代目を数えたガードナー家は直系の跡継ぎがいないため、今後が懸念されている。かつて王国と呼んだガードナー島の所有権は、姪の嫁ぎ先の一族に渡るとささやかれていたが、どうなったかは不明である。

【ライバルを叩き潰した鉄道王】ヴァンダービルト家

■黄金時代のアメリカ鉄道業を支配した男

ヴァンダービルト家はアメリカで産業革命が頂点を迎えた19世紀末、鉄道事業によって巨万の富を手にした大富豪である。

その最盛期にはニューヨークの五番街に一族の邸宅が10軒も建てられていた。一等地の大半をヴァンダービルト家が占めていたといっても過言ではないだろう。どれもがたっぷりと金をかけた豪邸で、高価な美術品や調度品が集められた。

邸には何十人もの使用人が仕え、夜ごと華やかなパーティが繰り広げられたという。また郊外にはいくつもの別荘があったが、フランスのシャトー（城）と見まがうばかりの壮大さだ。まるで王侯貴族のように贅を極めた暮らしを送っていた一族だといえる。

しかし、ヴァンダービルト家は先祖代々にわたって上流社会に属してきた、いわゆるオールド・マネーの家系ではない。

19世紀後半のアメリカは「金ぴか時代」または「金メッキ時代」と呼ばれている。政治腐敗も横行していたものの、さまざまな新興勢力や成金が登場し、街が活気に満ちあふれていた時代だ。

コーニリアスを描いた風刺画。当時の同業者の顔が膝に貼りついている。

そんな中、みずからが稼いだ金でのし上がったのがヴァンダービルト家だった。

繁栄の基礎を築いたのは「提督」というニックネームで呼ばれた、コーニリアス・ヴァンダービルトだ。

彼はたった一代で財を成し、世界一の大金持ちといわれたのである。

■交渉相手を脅して町を混乱させる

ニューヨーク湾のスタテン島で貧農の家に生まれたコーニリアスは学校嫌いで、読み書きさえ満足にできなかった。もちろん経営学など学んだこともない。

そんな彼を突き動かしていたのは、金儲けがしたいという野心だった。

コーニリアスの成功物語は17歳から始まる。母から借りた100ドルを元手に船を買い、運送業で驚くほどの稼ぎを生み出したのである。

やがて蒸気船の航行が増える時代になると今度は蒸気船へと乗り換え、新たな航路を開拓してライバル会社を圧倒していった。

コーニリアスに時代を先取りする鋭いカンがあったことはたしかだが、金儲けのためならかなりあくどいやり方も辞さなかったことも事実だ。

たとえばライバル会社よりも料金を低めに設定する。すると顧客を横取りされないようにライバルも運賃を下げなければならない。相手が音をあげるまでコーニリアスは競争の手を緩めず、ライバルを徹底的に叩きつぶしていった。

また船で出される食事は腐敗寸前、シーツも枕カバーも不潔といった具合に船内の環境は劣悪で、さらには船に保険さえかけなかった。自分の船にかけるお金もとことんまでケチっていたのである。

コーニリアスが鉄道事業に乗り出したのは、70歳を目前に控えた頃だ。鉄道の成長に着目し、いずれは蒸気船をしのぐ輸送手段になると見越したのである。ニューヨーク・ハーレム鉄道、ハドソン川鉄道、ニューヨーク・セントラル鉄道と買収していった。

このとき、なかなか合意に達しないニューヨーク・セントラル鉄道に業を煮やしたコーニリアスは、「ニューヨーク・セントラルからの貨物はいっさい引き受けるな」と命じた。このため、目と鼻の先にあるハドソン川鉄道との接続駅が使えない乗客は大混乱に陥ったという。

この一件でニューヨーク・セントラル鉄道も膝を屈したのである。

■先細りになった一家の財産

彼の跡を受け継いだ長男のウィリアムは、事業を拡大して富をさらに増やした。ヴァンダービルト家はまさにアメリカンドリームを体現したような一家だった。

だが、その繁栄は長くは続かない。

ウィリアム以後は財産がどんどん分割されていき、その規模はしだいに小さくなっていったのだ。

コーニリアスの曾孫には借金だけを残して一文無しで亡くなった者もいる。コーニリアスは使うより貯めることに執着したが、子孫はその精神を受け継がなかったようだ。五番街の邸宅もひとつ、またひとつと取り壊され、今ではすべてが近代ビルに変わってしまった。

現在でもヴァンダービルト家の末裔は存在しているとはいえ、富豪と呼ばれる人物はひとりもいない。

【メディアの魔力に魅せられた一族】ハースト家

■農民を富豪にしたゴールドラッシュ

1940年代にアメリカで作られた映画『市民ケーン』の主人公は、実在したある大金持ちがモデルになったといわれている。

とはいえ、そこに描かれていたのは輝かしいサクセスストーリーなどではなく、金と権力にものをいわせて欲しい物はなんでも手に入れる恐ろしい男の姿だった。

そのモデルになった人物とは、19世紀から20世紀初頭のアメリカで「新聞王」と呼ばれたウィリアム・ランドルフ・ハーストである。

ハースト家の成功はウィリアムの父の代から始まっている。

もともとは小さな農園を営んでいたハースト家だったが、その暮らしは1848年にアメリカに訪れたゴールドラッシュの頃に一変した。

ウィリアムの父であるジョージが銀鉱脈を見つけて鉱山王となり、その金を牧場や鉄道などさまざま事業につぎ込んで大成功を収めたのだ。

このときに偶然にも小さな新聞社の経営権を手に入れたことが、のちに息子のウィリアムの人生を決めたといってもいいだろう。

■新聞記事を使って戦争をつくる

1863年にハースト家に生まれたウィリアムは、そんな名家の跡取りにふさわしく名門のハーバード大学に進学した。

ところが、酒を飲み暴言を吐くなどやりたい放題の末に、彼の学生生活は自主退学処分を言い渡されて2年で終わってしまった。

しかし、このときに大学で学生新聞の編集に携わったことは彼にとって大きな収穫だった。ウィリアムは学生新聞の紙面を一新して、見事に売り上げを伸ばしたのである。

新聞作りに情熱を見出したウィリアムは、故郷に戻ると父がかつて手に入れていた新聞社を譲り受ける。彼はここで朝も夜もなく働き、わずか5年でこの弱小新聞社を西海岸一の人気紙にしたのだ。

この成功で勢いづいた彼は、今度は大都会ニューヨークに進出する。傾きかけた新聞社を買収すると、新聞界のカリスマと噂されていた大物のピュリツァー率いる大手の新聞社に挑戦したのである。

1919年、戦場から帰った兵士たちを閲兵するウィリアム（中央）。

ウィリアムはみずからの新聞を売るためにはどんなことでもした。なかでも、1898年にはあろうことか彼の報道が戦争を引き起こしてしまったといわれているのだ。

当時、アメリカとスペインはキューバの独立問題で一触即発の危機にあった。

そこでウィリアムは、アメリカ軍の軍艦が起こした爆発事故を根拠もないままにスペインの仕業であると書きたてるなどしてスペイン側を挑発したのだ。

結局両国は米西戦争に突入し、戦時下にさらにセンセーショナルな記事を書き続けた彼の新聞は飛ぶように売れたのである。

この戦争が始まる前に彼は挿絵画家のフレデリック・レミントンをキューバに送り込んでいる。「何も事件は起きないので帰国したい」と電報をよこしたレミントンに対して、ウィリアムは「君は絵を送れ、私は戦争をつくる」という正気の沙汰とは思えない返事を送ったといわれているのだ。

彼はその後も新聞社や出版社、映画会社などを次々と買収して、全盛期には200以上の新聞社を率いる「新聞王」として20世紀前半のアメリカのメディアに君臨したのである。

そんな新聞王は1951年に88歳で大往生を遂げたが、ハースト一族はその後も彼が築き上げたメディア帝国を引き継ぎ、現在でもハーストコーポレーションは複数の有名ファッション誌を手がけている。

■誘拐された孫娘が過激派になる

ところで、このハースト一族が一転してメディアから報道される側になったことがある。１９７４年にハーストの孫娘であるパトリシアが過激派に誘拐されたのである。

さらに誘拐から２ヵ月後に、被害者であったはずの彼女がその過激派の一員として銃を構えている写真が報道されたことで当時のメディアは大騒ぎになった。

大富豪一家の中で暮らしていくことに疲れたのか、彼女はそのまま過激派グループのメンバーになってしまったのだ。彼女は逃亡生活を送ったが、１年半後に仲間と共に逮捕された。

ところが、このときには新聞王の孫娘を救うため当時の政財界の大物が相次いで動いて彼女は減刑処分を受けているのだ。

名門一族の複雑な内幕と同時に、かつての新聞王の威光をありありと見せつけられた事件といえる。

パトリシア・ハースト

【ドイツの戦車をつくった名門】ポルシェ家

■天才技術者を救ったヒトラー

ポルシェ家は、高級車を次々と世に送り出すフォルクス・ワーゲングループを率いる自動車王だ。繁栄の基礎を築いたのはフェルディナント・ポルシェ博士である。

オーストリア・ハンガリー帝国で職人の息子として生まれたフェルディナントは、天才的なひらめきを持つ技術者だったと評される。その才能を見抜いた者が次々と彼を引き抜き、とんとん拍子に出世していく。彼の功績はウィーン工科大学とシュトゥットガルト工科大学からも認められ、名誉博士号が与えられた。

ところが、根っからの技術屋であるフェルディナントは研究や開発には努力を惜しまなかったものの、経済面には頓着がなかったらしい。予算をオーバーしても気に留めず、経営陣とは対立することもあったという。

また職人気質で頑固な一面もあり、納得できないことには首を縦に振らない。招かれて入社したダイムラー社を退職したのも開発における意見の食い違いが原因だったという。

フォルクスワーゲンに乗るヒトラーとそれを見守るフェルディナント。

やがて息子のフェリーとともに独立してポルシェ設計事務所を設立する。しかし、その船出はけっして楽ではなかった。世界恐慌のあおりを受けて世間は不況のまっただ中にあり、自動車の注文が激減していたのである。

いくらフェルディナントに才能があっても、自動車が製作できなければお金にはならない。会社の経営は追いつめられていた。

こんな苦境を救ったのがヒトラーである。ポルシェ家はヒトラーの下でさまざまな開発を行い、戦車をはじめとする多数の軍用車を提供したのだ。

■ヒトラーの命令で戦車を作る

国威発揚のために、ヒトラーは国民向けの小型車を開発する構想を持っていた。もともとヒトラーはダイムラー社に依頼するつもりだったらしいが、そこに食い込んできたのがフェルディナントだ。そしてみごとにヒトラーの了承を得てしまうのである。

じつは数年前、2人は一度出会っている。すでに名声の高かったフェルディナントの技術を目の当たりにして、ヒトラーはすっかり彼の虜になっていたのだ。このときに開発されたのが、ビートルの愛称で親しまれているフォルクス・ワーゲンである。

大量生産を可能にするために大規模な工場が建設され、大々的な宣伝も行われる。1938年10月には予約が13万人に達し、その後も予約数は増え続けていった。

しかし、1945年までに製造されたフォルクス・ワーゲンはわずか数百台にすぎない。第二次世界大戦の勃発により、国民車構想などどこかへ飛んでいってしまったからだ。

とはいえ、戦争が始まってからもポルシェ親子はフル回転で働き続けた。ヒトラーからの要請で、フォルクス・ワーゲンの技術をもとに、戦車、トラック、水陸両用車などあらゆる軍用車を設計していたのだ。なかでもタイガー戦車やフェルディナント戦車は名戦車として知られている。

戦後にはナチスに荷担した罪を問われ、フェルディナントは収監もされた。だが、当時はナチスに抵抗できるような状況にはなく、ポルシェは進んで協力していたわけではなさそうだ。フェルディナントはただ研究・開発に携わることができれば満足で、政治的な意図はまったく持ち合わせていなかったと見る向きが多い。

その後、フェルディナントの息子フェリーはポルシェ356を、その息子はポルシェ911を開発している。

現在、ポルシェ一族のトップはフェリーの孫にあたるフェルディナント・ピエヒだ。アウディ開発に携わったピエヒは気難しい人物としても有名である。

ポルシェ家は1972年以降、ポルシェ社の役員には籍を置かないことになったが、それでもピエヒは7つのブランドを傘下に置くフォルクス・ワーゲングループの大株主として頂点に君臨していた。しかし、2015年に突如会長を辞任している。「VWの顔」とまでいわれたピエフ氏の今後が気になるところだ。

【ナチスの兵器を製造した一家】クルップ家

■ドイツの産業革命を担った一族

クルップ家はドイツを代表する巨大企業クルップ社を創設し、鉄鋼業・重工業で財を成した一族である。

繁栄の基礎を築いたのはアルフレート・クルップだ。といっても、スタートから事業が順調だったわけではない。もともとクルップ家はドイツ西部のエッセンで大きな商店を営んでおり、暮らし向きは裕福だった。その商売を鉄鋼業へと鞍替えしたのはアルフレートの父である。

ところが事業が軌道に乗らないうちに父親が亡くなってしまう。当時、14歳だったアルフレートに残されたのは借金の山だけだった。

街でいちばんの金持ちと謳われていたクルップ家も、この頃には日々の食事さえおぼつかないような状態に陥っていた。家族の生活は長男であるアルフレートの肩にかかっていたのである。

この時代にヨーロッパの工業をリードしていたのは、いち早く産業革命を成し遂げたイギリスだ。そうした市場に食い込むには、安くて大量に生産できるイギリス製品に対抗できるだけのものを生み出す必要があった。

アルフレートは品質や技術の改良を必死に研究した。産業先進国イギリスの技術を知るために、貴族のふりをして工場見学をしたこともあるという。

こうした努力が実って、圧延機や鉄道部品などの注文が徐々に増えていった。また、1851年にロンドンで開催された万国博覧会に出品した鋼鉄の塊は、人々の度肝を抜くほど巨大で特別賞も授与された。

自分の技術が認められ、さまざまな製品の受注が増えることはもちろん喜ばしかったとはいえ、アルフレートが本当に売り込みたかったものは別にあった。

それは大砲だ。

じつはクルップ家の繁栄は、時の権力者との密接な関係の上に築かれたといっても過言ではない。プロイセン時代からナチス・ドイツに至るまで、クルップ一族は権力者に武器を提供することで大きくなってきたのである。

■戦争があるごとによみがえる企業

アルフレートが作った大砲は、それまでの常識をくつがえす斬新なものだった。青銅製の大砲が使われていた時代に、鋼鉄製の大砲を発表したのだ。

「クルップ砲」と呼ばれるこの大砲は、3000発を撃っても壊れないほどの強さを持っていた。

ただ、外国からの注文はあるのに、自国プロイセンは見向きもしない。それがアルフレートには不満だった。

この状況が一転したのはヴィルヘルムが王位につき、ビスマルクが宰相となってからだ。ドイツ統一を目指す彼らにとって軍備増強は最大の課題だったのだ。

ビスマルクのはからいでアルフレートは大砲や鉄道レールを大量に受注することに成功し、広い鉱区も手に入れることができた。

これで採掘から製造まで一貫して行うことができるようになったのである。こうして彼らが造り出すさまざまな鉄鋼製品は、ドイツだけでなく世界へと広がっていった。

生涯に2万3000門もの大砲を製造したアルフレートは「大砲王」と呼ばれ、子孫たちはその事業をさらに拡大させたのである。

クルップ製の「グスタフガン」を眺めるナチスの面々。

クルップ家の工場は、第二次世界大戦中はナチス・ドイツの軍需工場と化した。強制収容所に連れてこられた人々を武器製造の労働者として使い、莫大な利益を上げたのである。

敗戦後、当時のトップだったアルフレートには懲役刑と財産没収の判決が下され、クルップ家は存亡の危機に陥る。しかし冷戦や朝鮮戦争の勃発がクルップ家の技術力を必要としたため、見事に復活を果たしたのである。

その後、何度か倒産の危機にも見舞われたが不屈の立ち直りを見せ、大砲王が築いたクルップ社は現在も大きなコンツェルンとして世界に君臨している。

【ひそかに武器を売っていた商家】ティファニー家

■雑貨屋から宝石店への転身

ティファニーは世界中の女性が憧れるジュエリー・ブランドだ。クリスマスシーズンともなれば、店内はプレゼントを選ぶカップルでひしめき合う。

このティファニー&カンパニーの創業者はチャールズ・ティファニーだ。その息子のルイス・コンフォート・ティファニーはアール・ヌーヴォーの芸術家として名高い。ルイスの名を広く知らしめたのは、長年にわたって研究を続けたガラス工芸だった。とりわけステンドグラスとランプは高い評価を得て、一家にひとつはティファニー・ランプがあるといわれたほどの人気を博した。

しかしルイスの成功は、父であるチャールズの存在を抜きにしてはありえなかっただろう。自分の顧客を紹介したり資金援助をしたりと、陰に陽に息子を支えてきたのだ。

チャールズはブロードウェイ259番地で友人と始めた小さな雑貨店を、世界的ジュエリー・ブランドへと一代で飛躍させた人物だ。

その商才はすでに少年の頃から発揮されていた。コネチカット州で大きな綿工場を営む家に生まれた彼は、父から任された商店をわずか15歳にもかかわらず、ひとりで切り盛りしていたという。これはチャールズが卓越した商才を持っていたことを示すエピソードのひとつだ。

だが、それだけでチャンスをつかんできたわけではない。時流を素早く読み、巧みに立ち回る計算高さもあわせ持っていたのである。

1848年にフランスで2月革命が起きた際には、騒乱に乗じて多量の宝飾品を手に入れた。国外へ逃亡しようとする貴族が資金調達のために手持ちの宝石を次々と売り払ったせいで、ダイヤモンドの価格が下落したのだ。

自分の店を訪れるチャールズ（中央左）。（1887 年）

この機会を逃すチャールズではない。商品を買い付けるためにヨーロッパにいた友人にすぐさま購入を指示した。このときマリー・アントワネットやルイ15世など、王家が愛蔵していた品々も手に入れたと伝えられている。

そして、王家の秘宝を入手したという噂はティファニーの評判をいっそう高め、ニューヨークの富豪が顧客リストに名を連ねるようになった。

高品質の製品を提供するチャールズは「ダイヤモンド王」とも呼ばれた。

■武器を売って大もうけする

しかし、南北戦争の時代にはティファニーの店頭から看板商品である宝飾品が姿を消した。戦争が始まってからは治安が悪くなり、高級品を扱う店はほとんどが休業していた。犠牲者が増えている状態では人々も宝石で身を飾ろうという気分にはならず、客足も途絶えて久しかった。それでもティファニーは店を開いていたのである。

じつは南北戦争中もティファニーは莫大な利益を上げ続けていた。宝飾品のかわりに店に並んでいたのは、銃、刀剣、軍靴、軍服のボタンや記章などだ。

チャールズは戦争初期から北軍への協力を申し出ており、ヨーロッパから最新式の武器を輸入し、工場では刀剣を製造していた。きらびやかだった宝飾店は北軍の手足となって動いていたのである。

チャールズのそろえる武器はほかの業者よりも高かったが、性能のよさから注文が殺到した。南北戦争への貢献が認められ、政府からの信頼も高まったという。

とはいえ、戦後に武器の横流しが横行するなか、チャールズは早々に在庫を商社に払い下げ、武器からはいっさい手を引いた。武器で稼いだ資金はティファニーをさらに大きく飛躍させ、銀製品やダイヤモンド部門でも成功を収めていくのだった。

アメリカ海軍の名誉勲章「ティファニー・クロス」（現在は廃止）。

ところが、息子ルイスの晩年は荒んだものだったと伝えられる。散財を繰り返すうえに、自身が立ち上げたティファニー・スタジオは赤字続きで、父が残してくれた莫大な遺産もほとんどは浪費してしまったという。

チャールズの優れた商才は息子には受け継がれなかったようである。

【フランスの戦争を支えた一族】ダッソー家

■戦闘用プロペラ機をつくる

雑誌や新聞などいくつもの巨大メディアを束ねる人物が、じつは軍需産業で財を成し、「死の商人」と恐れられている一族だった。そんな映画のような話がフランスに実在している。

ソクプレス社は、フランスでもっとも古い歴史を持つ新聞「フィガロ」などを抱える一大メディアグループだが、その大株主がフランス最大の軍事機器メーカーであるダッソー社なのである。

巨大メディアからIT企業、不動産会社やワイナリーまで多岐にわたるダッソーグループの祖は、ユダヤ人のマルセル・ブロックという人物である。

医者の子供として1892年に生まれたマルセルは、電子工学や航空工学を学び航空機のエンジニアになった。

やがて彼がプロペラ機を製造すると、これが1914年からの第一次世界大戦でフランス軍に用いられる。この成功を足がかりに航空機会社のマルセル・ブロック社を設立したのである。

■ナチスにつかまり強制収容所に入れられる

マルセル・ブロック

ここまでダッソーの名前が出てこないことを不思議に思う人もいるかもしれないが、ここは話を先に進めよう。
第一次世界大戦でひと財産を築いたマルセルだったが、第二次世界大戦が勃発すると状況は一変する。「電撃作戦」といわれるナチス・ドイツの圧倒的なスピードを前にフランスは降伏を余儀なくされ、4年もの間、パリを含むフランス北部はドイツに占領されてしまったのだ。

戦闘機の開発で高い評価を得たマルセルの名前は当然ドイツ軍にも知れ渡っていただろう。彼らはマルセル・ブロック社に戦闘機の開発を依頼するが、ユダヤ人であるマルセルはドイツへの協力を拒む。

とらわれの身となった彼は、妻と子供たちとともに強制収容所に送られてしまったのである。

53歳で終戦を迎えた彼は、ナチス・ドイツがユダヤ人の同胞に対して行った大虐殺を許さなかったことだろう。「ダッソー」と名乗ってドイツに対してレジスタンス活動を続けていた兄にならって、自分と家族の変名を決意したのだ。

こうしてマルセル・ダッソーとなった彼はマルセル・ダッソー社に社名を変更すると、フランスの戦闘機の代名詞であるミラージュをはじめ多くの軍用機を製造していった。

高度な技術に裏打ちされたダッソー社の製品は、現在ヨーロッパはもとより中国やインドといったアジア諸国や、中東、アメリカにまで広がっている。

ちなみに、第二次世界大戦後に父とともに名を変えた子供が、現在のダッソーグループ名誉会長のセルジュ・ダッソーだ。

パリ郊外の街で市長を経験し、また上院議員を務める人物というだけに政界でも顔は広く、シラク前大統領とは在任中から親しくしているという大物だ。

その一方で、政治家にはつきものともいえるさまざまな黒い噂も絶えない人物である。

そんな彼が2002年にはフランスの大手メディアもその手中に収めたのだから、まさに鬼に金棒といっていいだろう。

ダッソーとはフランス語で「突撃」を意味する言葉だ。その名前さながらに、ダッソー家の勢いは誰にも止められないのである。

【アメリカ裏社会の異色の名家】ジェノヴェーゼ家

■実力主義の裏の名家

マフィアと聞くと、フランシス・コッポラ監督の名作『ゴッド・ファーザー』を思い出す人もいるのではないだろうか。ドン・コルレオーネは複数の人物をモデルにしているらしいが、ヴィト・ジェノヴェーゼもそのひとりだといわれている。

ジェノヴェーゼは数あるマフィア組織の頂点に立つ「カーポ・ディ・トッティ・カーピ」、すなわち「ボスの中のボス」にまで上りつめた。

以来、栄枯盛衰が激しいマフィア世界において、ジェノヴェーゼ一家は常に大きな勢力を維持し続けてきた暗黒街を代表する一族だ。

イタリアの貧しい家庭に生まれたジェノヴェーゼがアメリカに渡ったのは15歳のときだ。しかし学校に行かず、両親の手伝いもせず、悪の道にはまりこんで、やがてチャールズ・ルチアーノの傘下に入ることになる。

ルチアーノは伝説的なマフィアのひとりだ。それまでバラバラに存在していた各地のファミリーをまとめあげて全国的な巨大組織へと変貌させ、そのトップの座についた人物である。またビジネスの才能にも秀でており、合法的な商売を展開して豊富な資金源をつくった。連綿と受け継がれてきた伝統よりも、近代的な考え方を重視する男だったといえるだろう。

こんなルチアーノの右腕として、ナンバー2の位置につけていたのがジェノヴェーゼだ。ルチアーノ亡き後は、冷酷さ、残忍さ、狡猾さを駆使してトップに躍り出たのである。

第二次世界大戦前後、ジェノヴェーゼはアメリカにいなかった。ある殺人への関わりを問われそうになってイタリアへと脱出していたのだ。

イタリアでもひっそりと隠れていたわけではなく、ファシスト政権に取り入っていた。ところがアメリカが進攻してくると、一転してアメリカ軍にすり寄り通訳に収まってしまう。その一方でアメリカ軍の物資を闇市に横流しして大儲けをした。

そのうち、かつての殺人罪でアメリカへ帰されたものの、裁判が行われることはなかった。なぜなら有力な証人が、保護されていた刑務所内で急死してしまったからだ。証人が飲んだ水の中には、馬を8頭殺せるほどの鎮痛剤が混入していたのである。そしてジェノヴェーゼは証拠不十分で解放された。

さらに、不在の間に幅を利かせ始めていたほかのファミリーのボスたちを次々と抹殺していく。「殺し屋ジェノヴェーゼ」の異名をとっていた彼ならではの荒技だ。「ドン・ヴィトーネ」としてマフィア仲間から恐れられた彼は、ナイトクラブ、カジノ、麻薬などから得た膨大な利益で王侯貴族のような贅沢な暮らしを送った。

■手下の裏切りと刑務所入り

しかし、そんなジェノヴェーゼも、刑務所で最期を迎えている。麻薬の運び屋だった男の証言で多くのマフィアが逮捕されたが、そこにジェノヴェーゼも含まれていたのだ。

それに加えて部下のジョセフ・ヴァラキがマフィアの内情を暴露する。マフィアには内部事情を漏らしてはならないという掟がある。だが、裏切り者の疑惑をかけられ、ジェノヴェーゼに殺されると思い込んだヴァラキは、掟を破って当局に知る限りのことをぶちまけたのだ。

こういった事情でいくつものファミリーが衰退するなか、それでもジェノヴェーゼ一家は勢力を維持した。

女性と酒をくみかわす「ラッキー・ルチアーノ」ことチャールズ・ルチアーノ。

ジェノヴェーゼの跡を継いだボスの中でも有名なのが、ヴィンセント・ジガンテだ。彼は残虐な行為を厭わない荒くれ者である一方、バスローブで街を歩くなど奇矯な行動をすることでも知られた。ただ、これは当局を欺くためにあえて愚か者を演じているだけで、本当はしたたかで抜け目のない男だとも考えられている。

現在はそんなジガンテも故人となったが、いまだにジェノヴェーゼ一家は裏社会の名門として活発に活動を続けている。

4章　世界に影響を及ぼす名家

【世界最大の産油国を支配する一族】サウード家

■多方面にわたる世界への影響力

2001年9月のアメリカ同時多発テロが発生してから1ヵ月後、事件現場となった「グラウンド・ゼロ」で大規模な追悼式典が催されたときのことだ。ニューヨークを訪れたサウジアラビアの大富豪が、ニューヨーク市に1000万ドルの寄付を申し出たが断られてしまったというニュースが報じられた。

この大富豪が、サウジアラビアのサウード家の血を引くアルワリード・ビン・タラール王子だ。

アラブの大富豪といえば石油関連の事業で財産を築くと相場が決まっているが、彼はオイルマネーではなく、海外の企業に投資を行って多額の利益を得ている、「アラビアのバフェット」ともいわれる人物なのである。

アルワリード王子は、サウジアラビア王国の祖であるアブドゥルアジーズの第21番目の王子タラールの息子である。一族の中でも革新的な思考の持ち主だった父と、レバノンの首相の娘である母の間に1955年に生まれたアルワリードだったが、幼い頃から両親は別居していて、彼は母とともにレバノンで育っている。

アルワリード・ビン・タラール（写真提供:AFP＝時事）

つまり、彼はサウジアラビア王家の持つ絶大な権力や、潤沢なオイルマネーの恩恵を受けることはほとんどなかったといっていい。このことが、逆にみずからの力で事業を始めるきっかけになったのである。

アメリカに留学して経営学を学んだアルワリードは、サウジアラビアに帰国すると父から借りたわずか3万ドルの資金を元手に投資家としての道を歩み始める。

小さなプレハブ小屋をオフィスに不眠不休で働い

た彼は、10年後には経営不振に陥っていたアメリカのシティバンクに6億ドルもの出資を行うまでになったのだ。

こうした海外の大手企業への投資で大きな利益を得た彼は、現在では首都リヤドにある300もの部屋を持つ豪邸に暮らしている。

世界の長者番付トップ10にもランクされたこともあり、今や国政にも影響力を及ぼす存在になっている。まさに中東から世界を動かしているといっても過言ではない。

ところが2017年、サウジアラビアの汚職容疑で一斉検挙が実施され、アルワリード王子も拘束されたのだ。リヤドにあるリッツ・カールトン・ホテルに逮捕された王族らは収容され、およそ3ヵ月後に当局との調停に合意し、釈放されている。

今では1000人を超えるというサウード家の王子の中で、彼ほど異色な人生を歩んだ人物もいないだろう。

■30年かけてアラビア半島を支配する

アラビア半島中部を支配していたサウード家が、半島全土の統一に乗り出したのは

18世紀中頃のことだ。

彼らはイスラムの復興をめざす宗教指導者のムハンマド・ビン・アブドゥルワッハーブと手を結び、徐々に勢力を拡大する。やがて19世紀前半にはアラビア半島のほぼ全域を支配してサウード王朝を樹立した。

現在でもサウジアラビアが厳格なワッハーブ派のイスラム教国なのは、このときにサウード家がアブドゥルワッハーブの宗教運動を保護したことに由来している。

ところが、その後はオスマン帝国の侵入などによってサウード家の支配は途絶え、一族は追われる身となってしまった。砂漠の厳しい環境で逃亡生活を余儀なくされた、サウード家にとって苦難の時代である。

やがて、20世紀初頭に登場したアブドゥルアジーズが一族の救世主になる。彼はみずから戦いの指揮をとって快進撃を開始した。一夫多妻を認めるイスラムの慣習もサウード家の勢力拡大の要となった。彼には妻が30人以上もいたといわれ、この血のつながりが一族の団結をさらに強いものにしたのである。

１９３２年、30年に及ぶ長い戦いを経て、彼はアラビア半島の再統一に成功する。こうして現在のサウジアラビア王国が誕生したのである。先祖がアラビア半島の統一を誓ってから200年近い時を経て、ようやく誕生した大王国である。

サウード家の人々の国に対する誇りはその国名に見ることができる。サウジアラビアとは〝サウード家のアラビア〟を意味しているからだ。

国連に加盟している190以上の国の中で、国名に王家の名前が入っている国はサウジアラビアとリヒテンシュタインだけである。

【中国有数の実業家一族】栄家

■政治家と実業家を兼ねた中国人

「買収大王」――。1990年代の香港で次々と企業買収を行った事業家のラリー・ユンこと栄智健《えいちけん》は、地元メディアからこう呼ばれて恐れられた。

そんな彼には、中国最大の富豪といわれる栄家の血筋が脈々と流れている。

栄家の先祖は、明の中期にあたる15～16世紀頃に中国東部の無錫《むしゃく》に移住してきたといわれている。

20世紀になって栄宗敬と栄徳生という兄弟が製粉工場を設立する。栄智健の祖父にあたる2人は製粉業を軌道に乗せると、さらに紡績業に手を広げて大成功を収めている。これがその後の栄家の繁栄を築いたのである。

兄弟はともに子宝に恵まれ、やがて栄智健は彼らの孫として1942年に上海で生まれている。当時の栄家は紡績業で巨万の富を手に入れていたばかりか、彼の父である毅仁《きじん》は上海市長を経て国家副主席を務めあげるほどの名士だった。

そんな何不自由ない環境で成長した智健だったが、そのまま温室でぬくぬくと育っていたわけではないのだ。

1966年に中国全土を襲った文化大革命を経験した彼は、古い体質の中国を離れて事業を始めたいという思いを強く抱くようになった。

36歳の智健は妻との間に2人の子供をもうけていたが、妻の理解もあって1978年に単身で香港に渡っている。

彼に代々流れる事業家の血が、この香港行きを決断させたのかもしれない。

香港で親戚が経営する電子部品会社を手伝うようになった智健は、寝る間を惜しんで仕事に精を出すかたわらで、みずからの金をつぎ込んで株主にもなった。すると、この会社がアメリカの大手IT企業に買収されることになり、彼が出資した金はわずか1年で10倍にも膨れ上がったのだ。

こうして元手を手に入れると、休む暇もなく不動産投資を行ってさらに財を成していく。

当時の香港はイギリスからの返還を控えて先行きの見えない不安に襲われていた時期だった。株価や不動産価格は大暴落をおこしていたが、彼はこの暴落は一時的なものだと見越したのか、値崩れした不動産を買いあさる。

するると思惑通りに不動産ははね上がり、彼は早くも買収大王の片鱗を香港の財界に見せつけたのである。

1956年、栄毅仁（左から2番目）の工場を訪れた毛沢東。

■企業を買収し続け中国一の富豪になる

智健の投資のターゲットは不動産から企業へと広げられていった。将来有望な企業に金をつぎ込んで成長させ、株価をつり上げて売却する。これが「買収大王」と呼ばれた智健のやり方だった。

金が金を生み、やがて彼は手に入れた投資会社を「中信泰富有限公司（ＣＩＴＩＣパシフィック）」と改名すると、みずからこの会社を率いるようになる。

１９９７年には、この会社の本社ビルとして香港の超一等地に「中信大廈（ＣＩＴＩＣタワー）」を建設。現在でも観光名所として香港のガイドブックで紹介されるこの美しいガラス張りのビルは、栄家一族の象徴だ。

押しも押されもせぬ大富豪になった智健とその家族は、あるときは所有するサラブレッドが競馬の有名レースで優勝したという話題で、またあるときは世界各地に豪邸やクルーザー、自家用飛行機を所有したことで、たびたびメディアに登場した。２００２年には、アメリカの有名経済誌で中国富豪ランキングの第1位に輝いている。

ところが、順調だった智健を落とし穴が待ち構えていた。彼は２００９年に外貨の取引で２０００億円近い損失を出してしまい、その責任をとってＣＩＴＩＣグループの会長の座を辞任したのだ。

成功の象徴でもあるＣＩＴＩＣタワーから去っていったときの彼は、さぞ無念だったことだろう。とはいえ、彼は数々の修羅場をくぐり抜けてきた栄家の一員である。いつまでも野に下ってはおらず、その後まもなく投資会社を立ち上げたと報じられている。再び時代の寵児に返り咲くのもそう遠い話ではないかもしれない。

【「ゴシップ王」の名を引き継ぐ一族】ヒルトン家

■ゴシップにまみれたホテル王の一族

世界約90カ国に4000以上のホテルを有する巨大ホテルチェーン「ヒルトンホテル」。高級ホテルの代名詞にもなっているこのホテルチェーンは、ヒルトン家がわずか100年足らずで築き上げたものだ。

ところが、恐ろしい額の金が飛び交うと人は欲深くなることがある。多くの優秀な実業家を輩出するヒルトン家も、その影ではゴシップにまみれた歴史を背負い込んでいるのだ。

ヒルトン家の華麗なる歴史の幕を開けた人物が、1887年のクリスマスにこの世に生を受けたコンラッド・ニコルソン・ヒルトンだ。

アメリカ南部のサンアントニオで生まれた彼は、小さな雑貨店を営む父の下で7人の兄弟のひとりとして育った。この街は交易の要衝だったため常に多くの人々でにぎわい、おかげで父の店は繁盛した。

しかし、1907年の金融恐慌で客足は途絶えてしまう。このとき路頭に迷った一家を助けたのが当時20歳のコンラッドだった。彼は空き部屋になっていた兄弟たちの部屋を客室に見立てて、商売のために街を訪れる人々のためのホテル業を始めたのだ。

彼はフロントから客室係までひとりで何役もこなした。駅前に立って客引きまでやっていたのだ。ホテル業は彼の天職だったのだろうか、この手作りの「ヒルトンホテル」は大成功する。

これに味をしめたコンラッドはホテルの経営にのめり込み、中小の安ホテルを次々と買い取っていった。彼が関わったホテルはまるで魔法をかけられたかのように、短期間で驚くほどの収益を上げたのである。

■結婚と離婚を繰り返す当主

成功を手に入れたコンラッドは1925年、38歳で結婚した。

人々が驚いたのは、彼の美しい花嫁がなんと19歳という若さだったことだ。ダラスの高級住宅街に豪邸を手に入れた2人はやがて息子のジュニアを筆頭に3人の子供をさずかり、ヒルトン家は全米が注目するセレブリティーになった。

ところが、その成功と引き換えに彼らは次々とトラブルに見舞われるようになる。コンラッドは仕事に夢中になるあまり家庭をかえりみず、妻のメアリーが不倫に走った。2人はわずか9年で離婚している。

1942年には、コンラッドは出会ってからわずか4ヵ月で女優のザ・ザ・ガボールと再婚して再びメディアを騒がせた。

しかも彼女は9度もの結婚をしたという恋多き女性で、誰もが予想した通り2人はすぐに離婚。2度目の結婚生活は5年ともたなかった。

さらにその後、懲りずに3度目の結婚に臨んでいる。

■現代のゴシップ女王パリス・ヒルトン

1979年に91歳で大往生を遂げたコンラッドのヒルトン・ホテルチェーンは現在、

子供たちに引き継がれている。

創始者の女好き、ゴシップ好きはそのまま一族に受け継がれたのか、長男ニックは女優のエリザベス・テーラーと結婚した。しかし、彼女も数々の男性と浮き名を流した女性で、2人は3ヵ月にも及ぶド派手な新婚旅行を行ったあげく、たった3ヵ月で離婚してしまった。

また次男バロンの息子リチャードは、当時19歳だった女優のキャシーを見初めるとすぐさま結婚を申し込んでいる。彼女が若くして産んだ2人の娘が、21世紀のゴシップクイーンとしてその名を知られるパリスとニッキーの姉妹だ。

特に姉のパリスは、その破天荒な言動がメディアのやり玉にあげられることが多い女性だ。これまでにも多くの男性たちと噂になるほか、飲酒運転で実刑を命じられて45日間の刑務所暮らしを命じられたばかりか、2010年には薬物の不法所持で逮捕されている。

ただ、一族が築いたホテルの経営は順調に進んでいる。

【多分野でプロを輩出する】ウィトゲンシュタイン家

■哲学者やピアニストを輩出した一家

ウィトゲンシュタイン家はハプスブルク朝末期のオーストリアの大富豪だ。

この一族の中で今日もっともよく知られているのは、哲学者だったルートヴィヒだろう。彼の理論は難解であるにもかかわらず、多くの信奉者を生み出した。

ルートヴィヒに限らず、ウィトゲンシュタイン家はバラエティに富んだ人材を輩出している家系だ。

兄のパウルはピアニストで、存命中はルートヴィヒよりも著名だった。じつはパウルはデビュー後、第一次世界大戦に出兵して右腕を失っている。それでも、左手だけの演奏曲を一流作曲家に依頼して、片腕のピアニストとして見事に復活したのだ。

また、クリムトの有名な作品「ストーンボロー夫人の肖像」に描かれている女性はルートヴィヒの姉である。

そんな彼らの父親がカール・ウィトゲンシュタインだ。鉄鋼業に進出し、一代で莫大な財産を築いた実業家である。

その一方で、カールは芸術家のパトロンとしても名高い。彼もバイオリンの名手だったが、ワーグナーやシュトラウスといった著名な音楽家とも親交があり、しばしば邸に彼らを招いては音楽会を催した。クリムトを中心とした芸術家たちには資金援助も行っていたほどだ。

■17歳で単身アメリカに渡る

カールは息子たちに自分の跡を継いでほしかったため、別の道を進むことには渋い顔をしていたという。

とはいえ、カール自身も親に反発して家を飛び出したクチだ。厳格な父親とは正反対に奔放な性格で、行動も大胆だった。しかも、はったりや大風呂敷を広げることも厭わない、ずる賢さも兼ね備えていた。

17歳で家を出たカールはアメリカへ渡り、転職を重ねる。めきめきと手腕を発揮していくのは帰国後に金属加工工場に入ってからだ。もちろん専門的な知識は必要だったとはいえ、彼の素早い決断力、大胆な実行力、独創的な発想力がものをいったのだ。

イースターで集まった一家。右端がルートヴィヒ、左から２番目がパウル。

■はったりをかけて注文をとる

彼の勤めていた会社は、露土戦争の際には強力なライバルであるクルップ社（138ページ参照）との競争に勝ち、ロシアから大量の鉄道レールの注文を獲得している。

カールはロシアで鉄道敷設事業の顧問をしていた人物に取り入り、「ライバル社よりも軽量で安いレールを供給できる」と訴えたのだ。

じつはこの時点では、約束した量をまかなえる原材料が仕入れられるかどうかもわかっていなかった。しかも製造終了の連絡がきたときには、「数千本が出荷待ちになっている」と伝えた。

できるかどうかもわからないことを確約し、平気でウソもつく。十分な資金もないのに買収の根回しをしてライバルを出し抜く。「実業家は危険を冒さなくてはならない」が信条だったカールにとって、このくらいのはったりは当たり前だったのだ。市場の価格を操作し、労働者への締めつけも厳しいと批判もされたが、彼はいっこうに意に介さなかった。

こうしてカールは事業を拡大していく。その中には鉄道や機械だけでなく、武器も含まれていたらしい。当時のウィトゲンシュタイン家の財産は、現在の2億ドル以上に相当するのではないかと見られている。だが、3人の息子を自殺で亡くし、残る2人も独自の道を歩んだため、彼の跡を継いだ者はいない。

第二次世界大戦中には災難にも見舞われた。ルートヴィヒたちの祖父母がユダヤ人だったという理由で家族がみなユダヤ人と見なされ、ナチス・ドイツから不当な扱いを受けたのだ。そして戦争末期には爆撃を受け、カールが築いた大邸宅もがれきと化してしまったのである。

【貿易と不動産業で成り上がった】アスター家

■貿易と不動産で財を成す

アメリカを代表するホテル、ウォルドーフ・アストリア・ホテルを建設したアスター家は、19世紀に土地開発で大成功を収めた不動産王である。ヴァンダービルト家（124ページ）が台頭してくるまでは、世界一の富豪としてニューヨーク社交界に君臨していた。

社交界を取り仕切っていたのは、アスター家3代目に嫁いできたアスター夫人だ。彼女は厳選した400名のリストを作り、彼らだけを舞踏会に招待した。

このリストに名前が載るということは、すなわち上流だと認められた証になるため、人々はアスター夫人からの招待状を心待ちにしたという。

もっともアスター家自体も、もともと上流の家柄だったわけではない。ドイツからアメリカへ渡ってきた初代のジョン・ジェイコブ・アスターは肉屋の四男に生まれている。この時代に上流への階段を駆け上がった新興成金のひとりだったのである。ジョンは商売の才に長けていた。初めに手がけた毛皮商ではどんどん事業を拡大し、1830年代にはアメリカ最大の会社にまで成長させた。

同時に中国との貿易も行い、こちらでも膨大な利益を獲得している。また、アヘンの密貿易に手を染めていたともいわれるが、はっきりしたことはわかっていない。

こうして毛皮と貿易で財産を築きつつも、ジョンの鼻は別の方向に金の匂いを嗅ぎ取っていた。ニューヨークの土地である。

彼は早い時期から土地への投機を始めていたものの、それは余った金を遊ばせておくのはもったいないというくらいの感覚だった。しかし目覚ましい発展を見せるニューヨークなら、土地は必ず金のなる木になると直感したのだ。こうして本格的に参入した不動産業で、アスター家はさらなる富を手にしていくことになる。

■巧妙な土地売買で不動の地位を得る

今の大都会からは想像しにくいが、ジョンが移住してきた頃のニューヨークは緑に覆われた小さな街でしかなかった。その後、人口が急増して繁栄してきたとはいえ、まだまだ開拓されていない場所が多かったのである。

ジョンの不動産開発は巧妙だった。購入する土地は、すでに住宅や商店として開発されている地域からほんの少しはずれた郊外だ。それをいくつもの小さな区画に分割して売りに出す。

即座には買い手がつかなくても、人口が増え続けていたニューヨークでは、やがて土地が足りなくなるのを見越した算段だった。もちろん次にどのあたりが発展しそうかという計算は、しっかりとしたうえでの行動だ。

先読みの鋭さにはこんなエピソードも残されている。

あるときジョンはウォール・ストリートの土地を、相場より安い8000ドルで売った。相手は数年後には1万2000ドルの価値が出るはずだと喜んだ。ところがジョンは悔しいそぶりも見せない。それどころか、

「私はこの8000ドルでウォール・ストリートの北側にあるキャナル・ストリートに土地を買うつもりだ。ここが1万2000ドルになる頃には、私の土地は8万ドル

現在エンパイアステートビルが建っている一帯は、かつてアスター家のものだった。

になるだろう」

と断言するのである。そして実際に彼の言葉通りになったのだ。

彼は購入価格の何倍もの値段で土地を売りさばいた。当然、良心的な商売ばかりをしていたわけではない。潮が満ちてくると水没してしまう土地を埋め立てて売り出したときには、4倍もの値をつけたという。

こういう抜け目のなさが富豪アスター家を生み出していったのだろう。やがて不動産開発だけでなく、地主として地代も得るようになった。

ちなみに、今でもアスター家は富裕層の一角をなしており、数年前には財産をめぐって親子間で訴訟が起きる一件があった。

財産はあればあったで、もめごとの原因にもなってしまうのは世界共通のようだ。

5章　名家に翻弄された人々

【恋に翻弄される英国王室】エドワード8世（ウィンザー家）

■王室の人間の恋の難しさ

近年、イギリス王室の明るいニュースが続いている。キャサリン妃が第3子を出産したことやヘンリー王子とアメリカの女優メーガン・マークルさんとの結婚が決まったことなど、話題が豊富だ。

日本の皇室との親交も厚く、なにかと比較されることの多い英国王室だが、大きく異なっているのは、恋のスキャンダルの多さではないだろうか。

現女王のエリザベス2世こそ婚姻生活が長く続いているものの、今は亡き妹マーガレット王女を筆頭に、長男であるチャールズ皇太子、長女アン王女、二男のアンドルー王子と、ことごとく離婚している。

なかでもチャールズ皇太子のスキャンダルは、世界中のメディアを長い間騒がせ続けた。

チャールズ皇太子には、ダイアナ元妃と結婚する以前から付き合っていた女性がいたのである。それが現在のカミラ殿下だ。

この不倫が、ダイアナ元妃の悲劇を招いたのだろうと推測され、2人が国内外から冷たい目で見られていることは否めない。

しかし、30年以上互いに思い続け、ついに再婚したところを見ると、思いは本物だったのだろう。

じつは、英国王室という〃ルール〃で縛られた世界の中で愛を貫き通したのは、チャールズ皇太子が初めてではない。過去には恋のために王位を捨てた人物までいるのだ。

それはエドワード8世、エリザベス2世の伯父にあたる人物だ。

幼い頃のエドワード8世（左）と弟のジョージ6世。（1908年）

ちなみに、2011年の米アカデミー賞で主要部門を独占した映画『英国王のスピーチ』の主人公は、このエドワード8世の弟である。

2人の父親であるジョージ5世が崩御した後、王位を継承したのは当然長男であるエドワード8世だった。しかし、彼が王位を捨てたことによって弟のジョージ6世が王位を継承したのである。

■ひとりの女性のために王位を捨てる

皇太子時代からエドワードは、大衆の中に飛びこんで気さくに話しかけるような明るく社交的な性格で国民に人気があった。

そのうえ、お洒落で遊び好きなことから女性からの人気も高く、あちこちで浮き名を流すプレイボーイだった。

ところが、あるティーパーティで運命の女性と出会ってしまったのだ。

ウォレス・シンプソンというその女性は、アメリカ人で人妻。さらに離婚歴もあった。

アメリカの船舶会社の役員をしている夫の赴任にともなってロンドンに居を構え、

ロンドン社交界にも溶け込んでいるシンプソン夫妻の評判は上々だったようだ。

エドワードは、彼女の明るさや笑顔、ユーモアのセンス、豊富な話題や知性に魅かれ、彼女を食事に誘ったり、別荘に招待したりと積極的にアプローチし始めた。

エドワード８世の結婚式。（1937年）

皇太子とシンプソン夫人の噂はイギリス人ジャーナリストたちの間では周知の事実だったが、どうせいつものたわむれだと大きな報道にはならなかった。

それを幸いに交際はエスカレートし、２人は人目もはばからずにデートを重ねるようになったのである。

そして、もはやお互いに欠かすことのできない存在になってしまった頃、父であるジョージ５世が崩御したのだ。

その後、エドワードは王位を継承し、その一方で、夫の不倫によりシンプソン夫妻は離婚に至るのである。

この事態の流れから「これで晴れて結婚か?!」とマスコミは書きたてた。しかし、王室はそれを許さなかった。その頃イギリスでは、国教の掟によって「国王は離婚を経験した人と結婚できない」とされていたからだ。

しかも、アメリカ女性を王妃にするわけにはいかないと周囲からは諫められるばかりで、誰一人として理解してくれる人はいなかった。

ついには、王位を取るか、愛を取るかという究極の選択を迫られたエドワードは迷わず王位を捨てたのだ。エドワードが王位についていたのは、たった11カ月だった。

退位後、彼はウィンザー公となり、王室とは終生微妙な関係だったが、夫人とは1972年に亡くなるまで仲睦まじく暮らしたという。

【ハプスブルクの権威に抵抗した女性】エリザベート（ヴィッテルスバッハ家）

■ハプスブルク家の誤算

中世から近世にかけてのヨーロッパを語るに際して欠かすことのできない名門王家、それがハプスブルク家だ。

中世ヨーロッパは、日本でいえば戦国時代のようなもので、貴族たちの領土は取ったり取られたりの栄枯盛衰、紆余曲折を繰り返していた。

ハプスブルク家もその例に漏れず、けっして順風満帆に数百年を過ごしたわけではない。血族を増やし過ぎたために、つり合いのとれる家柄を望んで近親での結婚が多くなり、17世紀には生まれつき病弱だったり、精神を病むケースが多くなっていった。

また、時代の波とともに、名家ゆえに翻弄された人物がたくさんいる。

代表的なのは、19世紀後半のオーストリア＝ハンガリー帝国の皇帝フランツ・ヨーゼフ1世に嫁いできたエリザベートだろう。

エリザベートは、ヴィッテルスバッハ家（84ページ）の次女として生まれ、その家風から自由奔放に育った娘だった。それがハプスブルク家という権威と格式を重んじる家に嫁ぐことになってしまったのだ。

これは、もともと皇帝フランツの母であるゾフィーが、自分の実家であるヴィッテルスバッハ家の姪を息子の妃にしようと計画した縁談だ。

母のもくろみではしとやかで行儀のいい長女のヘレーナと結婚させる予定だったのだが、フランツ本人が、たまたま見合いの席についてきていた妹のエリザベートを好きになってしまったのである。悲劇はそこから始まった。

■世界中を放浪した末に暗殺される

ゾフィーは、自由奔放さが目に余る16歳のエリザベートとの結婚に猛反対したが、いつになく強い意志を持って懇願する息子フランツに根負けし結婚を許した。

しかし、ゾフィーとエリザベートの嫁姑関係は最悪だったといっていい。朝起きてから寝る寸前までエリザベートは監視され、ことあるごとに注意され、教育された。唯一の味方である夫フランツは、母ゾフィーに頭が上がらず、おまけに宮殿でともに過ごせる時間はほんのわずかだけだった。

エリザベート（1867年）

ハプスブルク家の家風とゾフィーの執拗な干渉に、自由を愛し束縛を嫌うエリザベートはしだいに耐えられなくなり、やがて世界中を放浪するようになる。

その放浪の旅の中で、又従兄にあたるバイエルン国王ルートヴィヒ2世と恋に落ちるものの、放浪癖はとどまることを知らず、彼の腕からも離れてしまう。その後、ルートヴィヒ2世は湖畔で溺死体となって発見された。

恋人の死に次いで、自分と同じように自由を愛した息子であるルドルフが、妻ではない男爵令嬢とともに謎の死を迎えてしまう。

精神的にすっかり崩れてしまったエリザベートに、さらに追い打ちをかけたのが、妹がパリの慈善バザーで火事に遭って焼死したという知らせだ。

死を切望するようになったエリザベートは、1898年9月、護衛らしいお供をほとんどつけずにジュネーブのレマン湖に訪れた。

そこからまた次の滞在先へ行くために船に乗ろうとしたとき、すれ違った労働者風の若い男に刃物のようなもので心臓を一突きされ、エリザベートの人生はあっけなく幕を閉じたのである。

■民族争いは世界規模の大戦争へ

エリザベートを殺害した犯人は、イタリア人を母に持つルイジ・ルケーニという25歳の若者だった。犯行に及んだのは、「誰でもいいから高位高官を殺したかった」との理由である。貴族、王、大統領など誰でもよかったというのだ。

生涯を通じて権威や君主制を嫌ったエリザベートが奇しくも同じように権威や君主制に反発するこの若者によって命を絶たれる結果になるとは、なんと皮肉なことだろう。

その後も悲劇は止まらず、皇位継承者フランツ・フェルディナント大公夫妻が、1914年にサラエボでセルビア民族主義組織の手によって銃殺された。

それをきっかけにセルビアとの戦いが始まると、そこにロシアやイギリス、フランスなども加わって、ついにはヨーロッパ全土を巻き込んだ第一次世界大戦が勃発した。

1916年には夫フランツが崩御し、カール1世が皇帝になったが、帝国内から次々と独立を宣言する諸民族をつなぎとめることができず、2年後に国外へ亡命、帝国は崩壊した。そして、700年近く続いた王家としてのハプスブルク家も終わりを迎えたのである。

ところが、ただで転ばないのが名家の底力だろう。最後の皇帝カール1世の末裔たちは、婚姻によってベルギーやルクセンブルクなどの名家に入っている。

ハプスブルク家の栄光はまだ完全には終わっていないということだ。

【王子にかけられた替え玉疑惑】ルイ17世（ブルボン家）

■死んだ王子は替え玉だった？

源義経や安徳天皇など、歴史上の人物には「殺されたはずなのに、じつは生きていた」と憶測を呼んでいる話がいくつもある。

そんな話がフランスにもある。ルイ17世の替え玉説だ。

一般的には、ルイ17世は2年間幽閉された末に幼くしてこの世を去ったといわれている。しかし一方では、死んでいたのは替え玉で、17世は密かに連れ出され、別の地で生きていたともいわれているのだ。

時は18世紀末、フランス革命の頃である。ルイ・シャルル（のちの17世）は、ルイ16世と王妃マリー・アントワネットの次男として生まれた。兄が7歳で病死したことで、ルイ・シャルルは4歳で王太子になった。

しかし、すぐにフランス革命が起き、8歳のときに父である16世も、そして母のマリー・アントワネットも処刑されてしまう。

逃亡先で捕らえられるルイ16世親子。（トーマス・ファルコン・マーシャル画）

シャルルは幼かったので処刑は免れたものの、ひとりタンプル塔という塔の一室に幽閉されることになった。

自分がルイ17世になったことも知らぬまま、しばらくは教育係として雇われた靴屋のシモンという男に革命家になるように教育されていた。

やがてそのシモンも解雇され、その後はわずかな食事を与えられるだけで何ヵ月間も放置され、体中に腫れものができて病死したとされている。わずか10歳だった。

しかし、10歳であるはずのその遺体が非常に長身で15～18歳の少年並であったことから、「替え玉説」がささやかれるようになったのである。

■本物はやはり死んでいた？

替え玉説が広まってしばらくすると「我こそはルイ17世だ」という人間があちこちから現れた。その中で、ドイツからきた貧しい時計職人のノーンドルフという男がもっとも有力だった。

ルイ17世が死んだとされた年から38年後に現れたその男は、顔立ちもブルボン家一族にそっくりで、幼い日にウサギに噛まれた唇の傷跡や、太腿にある鳩型の染みなど、ルイ17世にあった身体的特徴も備えていた。

そしてなによりルイ17世の子供の頃の話を事細かく知っていたのだ。ウソでカマをかけてもひっかかることなく、限られた人間しか知りえない王家の様子や会話を長々と語っていたという。

それでも結局、ノーンドルフはルイ17世と認められることなくフランスを追放され、その9年後の1845年にオランダの地で急病に倒れあっけなくこの世を去っている。

王家のミステリーは、歴史家たちの想像力を掻き立て、決定的な証拠がないのをいいことに、近年になっても憶測だけがまことしやかに伝えられてきた。

そして、とうとう2000年になって、保存されていたタンプル塔で死んだ少年の心臓の一部とマリー・アントワネットの遺髪から採取したＤＮＡで親子の鑑定をした。

検体の損傷が激しく、マリー・アントワネットの血筋である現在のハプスブルク＝ロートリンゲン家の人間のＤＮＡ鑑定も行われたため、じつに長い時間が費やされた。

その結果、２００４年にふたつのＤＮＡは親子であると判定された。つまりタンプル塔で死んだ少年の遺体は確かにルイ17世のものだったのである。

この世を去ってから２００年以上さまよい続けた魂が現代の科学力をもって、ようやくあるべきところに落ち着いたといったところだろうか。

ちなみに、「ルイ」の名は名目上のフランス王として20世まで続いている。一国の王の人生は、一見華やかに思えるが、実際は莫大な利害が絡まるため過酷なものといわれている。

今後も王位継承者が続くであろうブルボンの家系に、二度とルイ17世のような悲劇が訪れないとは誰にも言い切れないのである。

【「軍事の天才」の末裔】ナポレオン7世（ボナパルト家）

■「軍事の天才」の知られざる末裔

フランスの偉大な英雄ナポレオンと聞いても「余の辞書に不可能という文字はない」という名ゼリフや「1日3時間しか眠らなかった」といった伝説ばかりが独り歩きし、実際何をした人なのか詳しく語れる人は少ない。まして、その末裔がどうなっているかなど、考えたこともない人が大半なのではないだろうか。

じつは、ナポレオン家の血筋は今もかろうじて続いていて、フランスにはナポレオン7世を名乗る人物が実在する。

彼はパリ大学で経済学を修め、財務省や銀行幹部を経て会社を設立した実業家であり、2007年の選挙には落選したもののフランスの一国民として人生を歩んでいる。

しかし、彼の父はナポレオンの末裔だったばかりに波乱の人生を歩んだ。

名前は、ルイ・ジェローム・ヴィクトル・エマニュエル・レオポルド・マリー・ボナパルトといい、通称はルイ・ナポレオン。1997年にこの世を去るまでフランス帝位の請求者だった人物で、ナポレオン6世と呼ばれている。

彼の波乱は生まれ落ちる前から始まっていた。まず、フランスで生まれていない。なぜなら、1886年にできた「フランス君主であった子孫の国内居住を禁ずる」という法律によって両親がフランスを追放され、ベルギーに亡命したときにできた子供だからだ。しかし、彼の涙ぐましい努力と功績があってもう一度フランスに返り咲いたのである。

ナポレオン6世が生まれたのは1914年だ。24歳のとき、偽名を使ってスイスのカーレースに出場したのを皮切りに、偽名でフランスへの入国を試みるようになる。

最初は、フランスがナチスドイツに宣戦布告し、第二次世界大戦が始まろうとしていた1939年のことだ。フランス軍に入隊したい旨を手紙にしたため本名を名乗って当時の首相に送ったのだが、それがあっさり断られてしまった。そのため、また偽名を使ってフランス外人部隊に入隊を果たすのである。

しかし、翌年にドイツとの間で休戦協定が決まり、外人部隊はほどなく解散。すると今度は、別の名前を使って南フランスの山岳ゲリラに加わった。

その戦闘の中で1944年にドイツ軍の攻撃を受けて負傷してしまう。これがまさに名誉の負傷となり、大戦が終了すると部隊では中尉となり、フランス政府から勲章を受けた。

それでも、ナポレオン6世として正式にパリに住めるようになったのは、両親をフランスから追放した例の法律が廃止された1950年を過ぎてからのことだ。

■親子の間で続く後継者争い

そんなナポレオン6世も、じつのところ初代ナポレオンとの血縁はかなり薄い。

初代ナポレオンの息子は、21歳の若さでこの世を去ってしまっている。

ナポレオン3世を継いだのは、初代と9歳違いの弟の子供、つまり初代の甥にあたる。第二共和制の下で大統領に就任し、ボナパルト家の力を再び世に知らしめた人物だ。

しかし、彼の子供もまた23歳の若さで戦死し、3世の直系もここで途絶えてしまった。

では、現役のボナパルト家の血筋は、誰から受け継がれているのかというと、初代とは15も歳の離れた末の弟ジェローム である。4世亡き後ボナパルト家の後継者となったのは、ジェロームの孫、ヴィクトルだ。

初代ナポレオンと子供たち。（ルイ・デュシス画）

とはいえ、その時代にはすでに帝政が崩壊しており、のちに例の法律によってベルギーに亡命し、二度とフランスの地を踏むことなくブリュッセルでその一生を閉じている。

ヴィクトルの子、ナポレオン6世の活躍は前述した通りだが、じつはひとつ問題がある。6世は、死に際に長男ではなく、その子供、つまり孫を後継者に指名していたというのだ。

冒頭で記したナポレオン7世は、6世の長男であるが、そんな遺言が残っているばかりに現在は、家長の座を親子で争っている状態にある。名家はどこまでいっても、その名に翻弄されるもののようだ。

【暗殺された元首相親子】ベナジール（ブット家）

■現役の首相が投獄・処刑される

パキスタンのブット家は、インドのガンジー家に匹敵する名門一族だ。

しかし、ブット家には謀略的な死がつきまとっている。２００７年に暗殺されてしまったベナジール・ブット元首相もそのひとりだ。

ベナジール元首相は、イスラム教を重んじる男性社会の中で、女性として初めて首相となった人物である。アメリカのハーバード大学並びにイギリスのオックスフォード大学で学んだ才女で、しかも第12代首相に選出された１９８８年には35歳という若さだった。

とはいっても才女で若い美女だから首相になれたわけではない。そこにはブット家というブランドが大きく関わっている。

彼女の父ズルフィカル・アリ・ブットは、パキスタン人民党（ＰＰＰ）の創始者で、ブット家が初めて輩出したパキスタン首相だ。

彼が政治の表舞台で活躍した１９７０年代はパキスタンで初めての非軍事政権だったといわれ、今でも民主化運動のシンボルとされている。

ところが首相在任中の１９７７年、反対派のクーデターによって失脚・投獄の末に、党内部で対立した幹部への暗殺の容疑をかけられて処刑されてしまうのだ。

ブット元首相は、政権末期には世間から批判されたが、その裁判があまりにもブット元首相側の主張を無視していたことで、人民党のブット元首相への支持率が上がった。その父がいたからこそ、ベナジールは女性ながらに首相の地位を得られたといえる。

そんなベナジールを失脚させようとする反対派の手によるものなのか、数年ごとにベナジール首相の汚職スキャンダルが持ち上がり、二度も解任されている。

一度は返り咲き、再選したものの、二度目の汚職スキャンダルではベナジールの夫が刑務所に入れられてしまい、ベナジールは１９９９年から亡命し、ドバイを拠点に生活していた。そして２００７年、帰国したベナジールは、統一選挙に出馬しようと開いた集会で暗殺されてしまったのだ。

■次々と消されていくブット家の人々

振り返れば、ブット家の不穏な死はまだある。

まず、ベナジールの弟ムルタザがベナジールの首相在職中に警察隊の銃撃によってこの世を去っている。

ムルタザは、弟といえども長男である。父の跡継ぎとしては本来ムルタザと考えるはずが、そうならなかった。その理由は明らかではない。さらには、このムルタザの死は、反ブット派の仕業なのか、身内の犯行なのか、謎となっている。

ベナジールのもうひとりの弟もフランスで変死しており、一説には何者かに毒殺されたといわれている。

ちなみに、現在パキスタンの大統領を務めているのはアーシフ・アリ・ザルダリ、刑務所から釈放されたベナジールの夫である。

謎の多いブット家の死の裏側で、ムルタザが銃撃によって殺されたあたりから、ブット本家とベナジールが嫁いだザルダリ家の間で確執が生まれたともいわれ、さまざまな憶測を呼んでいる。ブット家の不穏な死は誰の仕業なのか。かろうじて捜査が進んでいるのは、2007年のベナジール元首相の暗殺事件だ。

首相を務めていた頃のベナジール。(1989年)

この事件をめぐって出頭を求められたのはムシャラフ前大統領である。捜査当局は、ムシャラフ前大統領が、暗殺計画の情報を知りながら適切な警備態勢を取らなかった疑いがあるとして出頭を求めたが、期日までに出頭しなかったとして法廷は逮捕状を出した。

当のムシャラフ前大統領は、パキスタン政界への復帰に意欲満々だったが、滞在中のロンドンから帰国できないままで、出廷の可能性は限りなく低いとみられている。

結局ブット家の不穏な死の真相は、ひとつも明かされないまま迷宮入りしそうだ。

【身内の射殺疑惑をかけられた王太子】ディペンドラ王子（シャー家）

■9人の王族が銃殺される

インドの北東にあるネパールは、北海道の2倍ほどの国土の中にエベレストをはじめとする８０００メートル峰の山々を８座も抱える山岳地帯の国だ。登山をする人なら憧れの聖地だろう。

そのネパールで、２００1年に非常にショッキングな事件が起きた。

その内容は、王太子が宮廷内で王家9人を銃殺し、みずからも自殺を図って死亡するという信じられないものだ。しかし、王家がひた隠しにしていたため、これだけの大きなニュースにもかかわらず世間一般にはあまり知られていないのである。

事件の主役となったのは、１７６8年から２００8年にかけてネパール王朝の王家として君臨したシャー家だ。

シャー一族は、16世紀に当時の大帝から「シャー（王）」の称号を与えられ、独立した小国を征服していき、ついに1768年にネパール王国を創り、みずからが王家となった。19世紀なかばには、ラナ宰相家に実権を握られ、名ばかりの王家だった時代もあったが、1951年に再び実権を取り戻し、1990年には絶対君主制に終止符を打ち、立憲君主制に移行した。このときの王ビレンドラ・ビール・ビクラム・シャー・デーヴは国民の熱い支持を得た。余談だが、ビレンドラ王は王太子時代に東京大学に留学していた経験を持ち、親日家としても知られている。

しかし、民主化を進め議院内閣制を実現したものの、有力なリーダーもいない政党政治は混乱し、ついには共産党からマオイスト（毛沢東主義者）が離脱し、武力闘争が行われるようになった。

そんな政治的な混乱の末に、冒頭の事件を起こしたといわれているのが、その長男ディペンドラ王太子だ。

公式発表によると、事件の動機は、家族に結婚を反対されたことだとされている。王太子が結婚相手に選んだのはデブヤニ・ラナさんである。対立するあのラナ宰相家にゆかりのある女性だったのだ。

ある日、シャー家定例の晩餐会で、その事実を初めて聞かされた王と王妃は大反対した。「結婚するなら王位継承権を剥奪する」とまでいわれたことに腹を立てた王太子が突然機関銃を持ち出して乱射し、国王夫妻をはじめ、王の兄弟他9人を殺傷してしまったのである。

直後に自殺を図った王太子も、病院に運ばれ、3日後にこの世を去っている。

■王弟の不可解な行動と王政の廃止

ところが、この事件には疑惑がもたれている。

疑惑の矢は主にビレンドラ王の弟ギャネンドラに向けられている。

まず、王族がほぼ全員集合している晩餐会に、ギャネンドラだけが地方視察のために欠席していたことや、出席していたギャネンドラの家族がみな無傷や軽傷で生き残っていることがその根拠である。

さらに事件の不可解な点として挙げられるのは、王族の埋葬が性急かつ国民にも非公開で執り行われたこと。そして自殺した王太子の銃弾が後頭部から入っていることなどである。

ビレンドラ王亡き後、王位を継いだのはギャネンドラだったが、独裁的な政治行動が国内外の反発を招き、やがて大規模な民主化運動によって王の政治的特権はすべて剥奪された。そして2007年には240年にわたる王制が廃止され、その翌年には連邦共和制を宣言し、ネパール王朝は幕を閉じた。

あの射殺事件が、公式発表通りディペンドラ王太子の犯行であったなら、シャー王家とラナ宰相家という対立の中で起きたロミオとジュリエットの悲劇といえるかもしれない。現在のネパールは「ネパール連邦民主共和国」と改名し、シャー一族は首都カトマンズから退いている。

死亡したビレンドラ国王（左から２人目）ら王族のメンバー。（写真提供：共同通信社）

【参考文献】

『王妃カトリーヌ・ド・メディチ』（桐生操／ベネッセコーポレーション）、『マンガ メディチ家物語 フィレンツェ３００年の奇跡』（樋口雅一、森田義之監修／講談社）、『スコットランド王国史話』（森護／中央公論新社）、『ロックフェラー回顧録』（デイヴィッド・ロックフェラー、楡井浩一訳／新潮社）、『億万長者の知恵―「ひらめき」を実現させる技術』（藤井孝一監修／青春出版社）、『ハプスブルク一千年』（中丸明／新潮社）、『物語マリー・アントワネット』（窪田般弥／白水社）、『ケネディ家の呪い』（エドワード・クライン、金重紘訳／綜合社）、『ヨーロッパの王室』（田口省吾／世界の動き社）、『世界の「独裁国家」がよくわかる本』（グループＳＫＩＴ編、橋本五郎監修／ＰＨＰ研究所）、『スコットランドの聖なる石―ひとつの国が消えたとき』（小林章夫／日本放送出版協会）、『ユダヤ・ロスチャイルド世界冷酷支配年表』（アンドリュー・ヒッチコック、太田龍監修／成甲書房）、『とびきり哀しいスコットランド史』（フランク・レンウィック、小林章夫訳／筑摩書房）、『モルガン家―金融帝国の減衰〈上・下〉』（ロン・チャーナウ、青木榮一訳／日本経済新聞社）、『アラビアのバフェット〝世界第5位の富豪〟アルワリード王子の投資手法』（リズ・カーン、塩野未佳訳／パンローリング）、『ダイアナが愛したアル・ファイド家の秘密―いま明かされる大富豪一族の光と影』（木村勝美／リヨン社）、『残酷な王と悲しみの王妃』（中野京子／集英社）、『世界驚愕事件史１９０１～２０１１』（新人物往来社編／新人物往来社）、『ヨーロッパ超富豪 権力者図鑑』（中田安彦、副島隆彦編／日本文芸社）、『アメリカン・ドリームの軌跡―伝説の起業家25人の素顔』（Ｈ・Ｗ・ブランズ、白幡憲之訳、鈴木佳子訳、外山恵理訳、林雅代訳／英治出版）、『伝説の大富豪たち』（アラン・モネスティエ、阪田由美子訳、中村健一訳／ＪＩＣＣ出版局）、『グッチ家 失われたブランド―イタリア名門の栄光と没落』（中村雅人／日本放送出版協会）、『マフィア犯罪白書』（フレッド・Ｊ・クック、小菅正夫訳／早川書房）、『出身地でわかる中国人』（宮崎正弘／ＰＨＰ研究所）、『中国の赤い富豪』（ルパート・フーゲワーフ、漆嶋稔訳／日経ＢＰ社）、『歴史を作った世界の有名一族』（島崎晋／ＰＨＰ研究所）、『ヨーロッパ名家１０１』（樺山紘一編／新書館）、『暗殺の世界史 シーザー、坂本龍馬からケネディ、朴正煕まで』（大澤正道／PHP研究所）、『恐怖の歴史―牧神からメン・イン・ブラックまで』（ポール・ニューマン、田中雅志訳／三交社）、『アメリカ合衆国の異端児たち』（越智道雄／日本経済新聞出版社）、『アメリカ史重要人物101』（猿谷要編／新書館）、『世界悪女大全―淫乱で残虐で強欲な美人たち』（桐生操／文藝春秋）、『米国エリートの黒い履歴書―秘密結社・海賊・奴隷売買・麻薬』（スティーヴン・ソラ、立木勝訳／三交社）、『愛された悪女と愛されない美女―中国の歴史を彩った女たち』（藤水名子／青春出版社）、『図説 イギリスの王室』（石井美樹子／河出書房新社）、『所さん&おすぎの偉大なるトホホ人物事典』（トホホ史観学会編／講談社）、『わが祖国、中国の悲惨な真実』（陳恵運／飛鳥新社）、『9・11テロの超不都合な真実―闇の世界金融が仕組んだ世紀の大犯罪』（菊川征司／徳間書店）、『フィリピンを乗っ取った男 政商ダンディン・コファンコ』（アール・G・パレーニョ、堀田正彦訳、加地永都子訳／太田出版）、『ヒルトン家の華麗なる一族 下 夢見る男たち』（ジェリー・オッペンハイマー、由良章子訳／アスペクト）、『栄家の血脈―激動の大陸を疾走する赤い資本家の誓い』（王曙光／東洋経済新報社）、『人物20世紀』（樺山紘一、斎藤精一郎、筑紫哲也、川本三郎、澤地久枝、村上陽一郎／講談社）、『オサマ・ビンラディン』（エレーン・ランドー、松本利秋訳、大野悟訳／竹書房）、『ぬりつぶされた真実』（ジャン・シャルル・ブリザール、ギヨーム・ダスキエ、山本知子訳／幻冬舎）、『ウサーマ・ビン・ラーディンその思想と半生』（石野肇／成甲書房）、『チンギス・ハン―その生涯、死、そして復活』（ジョン・マン、宇丹貴代実訳／東京書籍）、『最強の戦闘指揮官30』（柘植久慶／PHP研究所）、『世界魔人伝―歴史の闇に葬られた真実』（知的冒険倶楽部編／青春出版社）、『アメリカン・ドリーマーの末裔たち―ヴァンダービルト一族の栄光と没落』（アーサー・T・ヴァンダービルトII世著、上村麻子訳／渓水社）、『世界大犯罪劇場』（コリン・ウィルソン、松浦俊輔訳／青土社）、『ダイヤモンド―輝きへの欲望と挑戦』（マシュー・ハート、鬼澤忍訳／早川書房）、『ユダヤ人とダイヤモンド』（守誠／幻冬舎）、『日本を愛したティファニー』（久我なつみ／河出書房新社）、『ダイヤモンドはほんとうに美しいのか？』（ニキ・ヴァン・デ・ガーグ、森下麻衣子訳／合同出版）、『ポルシェの生涯―その時代とクルマ』（三石善吉／グランプリ出版）、『ポルシェの生涯―その苦悩と栄光』（フェリー・ポルシェ、ジョン・ベントリー、大沢茂・斎藤太治男訳／南雲堂）、『ニューヨーク黄金時代―ベルエポックのハイ・ソサエティ』（海野弘／平凡社）、『マフィアの興亡』（タイム・ライフ編、平野勇夫訳／同朋舎出版）、『マフィア経由アメリカ行』（常盤新平／冬樹社）、『世界のマフィア―越境犯罪組織の現況と見通し』（ティエリ・クルタン、上瀬倫子訳／緑風出版）、『マフィア―その神話と現実』（竹山博英／講談社）、『物語世界の歴史12　大砲王への道』（吉田悟郎他編／岩崎書店）、『クルップの歴史―1587～1968（上・下）』（ウィリアム・マンチェスター、鈴木主税訳／フジ出版社）、『世界大百科事典8』（平凡社）、『ウィトゲンシュタイン家の人びと―闘う家族』（アレグザンダー・ウォー、塩原通緒訳／中央公論新社）、『ウィトゲンシュタイン評伝―若き日のルートヴィヒ1889―1921』（ブライアン・マクギネス、藤本隆志訳、今井道夫訳、宇都宮輝夫訳、高橋要訳／法政大学出版局）、『国を傾けた女たちの手くだ』（森下賢一／白水社）、『世界悪女物語』（澁澤龍彦／桃源社）、『よみがえるロマノフ家』（土肥恒之／講談社）、『女帝伝説　知ってるつもり?!（3）』（日本テレビ編／日本テレビ放送網）、『興亡の世界史 第14巻 ロシア・ロマノフ王朝の大地』（土肥恒之／講談社）、『歴史を騒がせた「悪女」たち』（山崎洋子／講談社）、『人物　中国の歴史9 激動の近代中国』（尾崎秀樹編／集英社）、『西太后―大清帝国最後の光芒』（加藤徹／中央公論新社）、『ドイツの城と街道』（紅山雪夫／トラベルジャーナル）、『エリザベート 美しき皇妃の伝説（上・下）』（ブリギッテ・ハーマン、中村康之訳／朝日新聞社）、『地球の歩き方 A28 ブルガリア／ルーマニア』（地球の歩き方編集室／ダイヤモンド社）、『100年前の世界の王室』（マール社編集部／マール社）、『朝日百科 世界の歴史6 14～15世紀』（野上毅編／朝日新聞社）、『ハプスブルク夜話―古き良きウィーン』（ゲオルク・マルクス、江村洋訳／河出書房新社）、『ドイツ歴史の旅』（坂井栄八郎／朝日新聞社）、『皇女アナスタシアは生きていたか』（桐生操／新人物往来社）、『技術の歴史 4―産業革命から原子力へ』（井野川潔／けやき書房）、ほか

【参考ホームページ】

オールアバウト　http://allabout.co.jp/

日本アイスクリーム協会　http://www.icecream.or.jp/

デュポン株式会社　http://www2.dupont.com/DuPont_Home/ja_JP/

Dassault Aviation　http://www.dassault-aviation.com/

日本経済新聞　http://www.nikkei.com/

NPO法人ブリッジズ・フォー・ネパール　http://www.npo-bfn.org/

NHK　http://www.nhk.or.jp/

産経ニュース　http://sankei.jp.msn.com/

ほか

【本文画像クレジット】

40ページ　ダイアナ元妃とドディの記念碑　©Bobak Ha'Eriand licensed for reuse under this Creative Commons Licence

53ページ　デュポンの火薬運搬車　©Ukexpat and licensed for reuse under this Creative Commons Licence

145ページ・ティファニー・クロス　©Shipguy and licensed for reuse under this Creative Commons Licence)

本当は恐ろしい　世界の名家

平成30年6月14日　第1刷

編　者　歴史ミステリー研究会

制　作　新井イッセー事務所

発行人　山田有司

発行所　株式会社　彩図社《さいずしゃ》

〒170-0005　東京都豊島区南大塚3-24-4 MTビル
TEL:03-5985-8213
FAX:03-5985-8224

印刷所　新灯印刷株式会社

URL：http://www.saiz.co.jp
https://twitter.com/saiz_sha

　ISBN978-4-8013-0301-0 C0120

本書は弊社より刊行した書籍『本当は恐ろしい　世界の名家』（平成23年8月発行）を再編集したものです。